Kommunikation im Kontext verstehen

Ein Übungsbuch

Jeannette Philipp & Christian Stadler

Kommunikation im Kontext verstehen

Ein Übungsbuch

v/d|f

Jeannette Philipp leitet das Team Kommunikation in Wirtschaft und Recht an der School of Management and Law der Zürcher Hochschule für Angewandte Wissenschaften ZHAW und ist Dozentin für Kommunikationskompetenz.

Christian Stadler ist Dozent für Kommunikationskompetenz an der School of Management and Law und der Eidgenössischen Hochschule für Berufsbildung.

Beide haben bereits zwei Übungsbücher zu den Themen Verhandeln und Argumentieren geschrieben. Zu ihren weiteren Schwerpunkten in der Lehre gehören Auftrittskompetenz, Rhetorik und wissenschaftliches Schreiben.

Bibliografische Information der Deutschen Nationalbibliothek
Die Deutsche Nationalbibliothek verzeichnet diese Publikation in der Deutschen Nationalbibliografie; detaillierte bibliografische Daten sind im Internet über http://dnb.dnb.de abrufbar.

ISBN 978-3-7281-4120-0

1. Einleitung

1. Einleitung

Sie haben manchmal Missverständnisse? Sie denken, dass das in der Regel an Ihrem Gesprächspartner liegt? Diese Annahme ist nicht korrekt, denn für eine gelungene Kommunikation sind Sender *und* Empfänger verantwortlich. Sie tragen beide ihren Anteil zu einer gelungenen und somit unmissverständlichen Kommunikation bei.

Lassen Sie uns zuerst klären, was man unter Kommunikation versteht bzw. wie sie funktioniert: Man benötigt mindestens zwei Teilnehmende und eine Botschaft, die übermittelt werden soll – unabhängig davon, ob die Übermittlung zeitversetzt (z. B. E-Mail oder Brief), face to face oder online stattfindet.

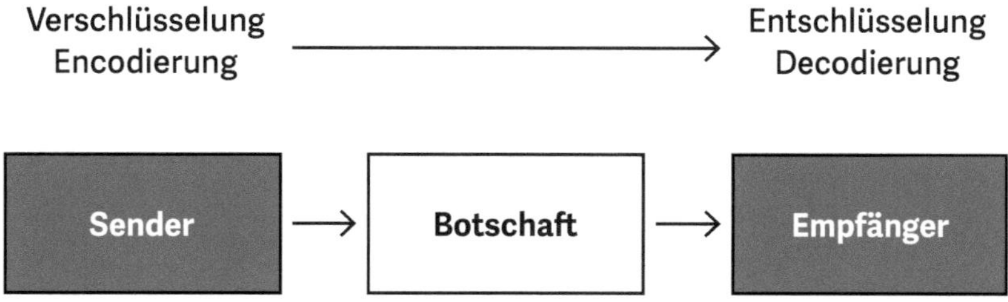

In einer Kommunikationssituation codiert der Sender seine Botschaft mithilfe von Zeichen und übermittelt diese an den Empfänger. Der Empfänger wird daraufhin die Botschaft für sich decodieren. Die Kommunikation ist als gelungen zu betrachten, wenn der Empfänger die Botschaft so decodiert resp. versteht, wie der Sender sie verstanden haben wollte. Beispiel am Frühstückstisch: Hanna: «Könnte ich bitte das Salz haben?» Marco: «Gern, hier bitte.» Marco hat verstanden, dass Hanna nicht wissen will, ob sie das Salz bekommen kann, sondern sie möchte, dass Marco ihr das Salz gibt.

Aus unserem kommunikativen Alltag wissen wir, dass Kommunikation leider nicht immer problemlos funktioniert. Es gibt Missverständnisse und manchmal sogar Konflikte, die zum Teil in einem Streit enden. Aber woran liegt es, dass Kommunikation häufig so uneindeutig und konfliktbeladen ist? Die folgende Beispielsituation soll Ihnen das aufzeigen.

Eine Terminverschiebung für ein Meeting steht an. Der Sender informiert den Empfänger über diesen Sachverhalt wie folgt: «Guten Morgen *Empfänger*. Wir müssen leider unseren Termin von Montag auf den Mittwoch um 14 Uhr verschieben. Ich hoffe, das ist für dich in Ordnung. Gruss *Sender*.»

Gehen wir davon aus, dass für den Empfänger auch ein Meeting am Mittwoch um 14 Uhr passen würde. Folgende mögliche Reaktionen aus Empfängersicht sind auf die Mail denkbar.

Ich als Empfänger:

- nehme die Info zur Kenntnis, schreibe aber keine Mail zurück, denn für mich passt auch Mittwoch um 14 Uhr. Somit scheint alles klar zu sein.

- kann am Mittwoch um 14 Uhr. Ich schreibe aus Höflichkeit eine kurze Mail zurück und bestätige den neuen Termin, obwohl es meiner Meinung nach eigentlich nicht nötig wäre.
- kann am Mittwoch um 14 Uhr und ich schreibe auf jeden Fall zurück, um den Termin zu bestätigen. Sicher wartet der Sender auf meine Rückmeldung.

Welche Reaktionsmöglichkeiten könnte der Sender erwarten?

Ich als Sender:

- erwarte keine Antwort, wenn es für den Empfänger am Mittwoch um 14 Uhr passt. Nur wenn der Empfänger den Termin nicht wahrnehmen kann, erwarte ich eine Antwort.
- erwarte auf jeden Fall eine Antwort aus Höflichkeit. Auch wenn es für den Empfänger am Mittwoch um 14 Uhr passt, sollte er mir das kurz bestätigen.
- gehe davon aus, dass der Empfänger mir in jedem Fall eine Antwort sendet, damit ich definitiv weiss, ob der Termin am Mittwoch um 14 Uhr passt und ich somit auch weiss, dass er meine Nachricht bekommen und gelesen hat.

Im Idealfall haben Sender und Empfänger einen ähnlichen Kommunikationsstil, d. h., die Reaktion, die erwartet und gegeben wird, ist identisch. Beispiel: Der Sender erwartet definitiv eine Antwort. Der Empfänger antwortet in jedem Fall auf die Nachricht. Passen Erwartung und Reaktion nicht zusammen, könnte es zu einer leichten Verstimmung aufseiten des Senders kommen, wenn dieser sich z. B. aus Höflichkeit eine Reaktion erhofft hatte, diese aber ausbleibt. Im schlechtesten Fall entsteht Verwirrung rund um den neuen Termin, weil der Sender ohne eine Reaktion des Empfängers davon ausgeht, dass der Termin für den Empfänger nicht passt oder es noch weiterer Abklärungen bedarf. Wie Sie an diesem Beispiel sehen, kann es schon in scheinbar banalen Situationen zu Missverständnissen kommen.

Aus dem erläuterten Beispiel wird deutlich, dass Kommunikationskompetenz vor allem im Berufsalltag ein Muss ist, um erfolgreich agieren zu können. Man könnte annehmen, dass man Kommunikation einfach nur richtig erlernen muss – wie Auto fahren oder lesen und schreiben, um Missverständnisse zu vermeiden. Kommunikative Fähigkeiten lassen sich natürlich erlernen und trainieren, dennoch muss man sich bewusst machen, dass unmissverständliche und stets eindeutige Kommunikation schwierig ist. Um erfolgreich kommunizieren zu können, müssen wir wissen, wie die Botschaft gemeint war, welchen Einfluss Betonung, Mimik, Gestik etc. haben, wie der Kommunikationskanal (Mail, Telefonat, persönliches Gespräch etc.) die Situation steuern kann, was die Hierarchie zwischen den Beteiligten über den Ablauf des Geschehens aussagen kann und vieles mehr. Gleichzeitig können diese Kategorien auch Stolpersteine auf dem Weg hin zu einer erfolgreichen Kommunikation sein. Wenn wir zum Beispiel von Emotionen geleitet sind, kann das Einfluss darauf haben, wie wir Botschaften formulieren und/oder wahrnehmen und interpretieren.

Kommunizieren, ohne Missverständnisse zu haben, lässt sich manchmal nicht vermeiden, weil zu viele Faktoren Einfluss auf den Verlauf und das Gelingen der Kommunikation haben können. Dazu zählen nicht nur die Persönlichkeit, sondern auch der Kulturkreis, Kommunikationsgepflogenheiten im Unternehmen sowie situative Vorannahmen und Erwartungshaltungen.

Die Kommunikationstheorie kennt viele Modelle und Konzepte, mit denen sich Kommunikationssituationen analysieren lassen. Allerdings beschränken sich diese in der Regel auf bestimmte Blickwinkel oder ein bestimmtes Phänomen. Die Praxis zeigt jedoch, dass Kommunikation immer im Kontext und der jeweiligen Konstellation verstanden werden muss: Wer kommuniziert mit wem? Welcher Kanal bzw. welches Kommunikationsmedium wird verwendet? Ist die Situation emotional aufgeladen? Wie wird die Botschaft auf der para- und nonverbalen Ebene verschlüsselt? Usw.

Dieses Buch hat zum Ziel, ausgehend von den Grundlagen der Kommunikation, Fallbeispiele im Kontext zu analysieren. Sie als Leserinnen und Leser sollten im Anschluss an die Lektüre anhand der erläuterten Kommunikationsgrundlagen in der Lage sein, Kommunikation im Kontext zu verstehen. Es soll Ihnen im Berufsalltag folglich besser gelingen, intuitiv und reaktionsschneller Kommunikationssituationen zu erfassen und entsprechend zu agieren.

Zum Aufbau des Buches: Wie im obigen Beispiel zur Terminverschiebung des Meetings kann der Kommunikationskanal (E-Mail) ausschlaggebend für den Kommunikationsprozess sein. Diese und weitere Kommunikationsgrundlagen werden im Kapitel 2 erläutert. Mithilfe dieser Kommunikationsgrundlagen, die sich teilweise überlappen, werden nachfolgend Fallbeispiele analysiert (Kapitel 3). Aus den Cases werden Take Home Messages abgeleitet, welche auf ähnlich gelagerte Situationen angewendet werden können. Im Anschluss an die Analyse der Cases (Kapitel 4) folgen individualisierte Handlungsempfehlungen anhand eines Tests. Darüber hinaus ermöglichen weiterführende Literaturhinweise am Ende des Buches, Ihre Kommunikationskompetenzen zu vertiefen (Kapitel 5).

2. Kommunikationsgrundlagen

2. Kommunikationsgrundlagen

Die Kommunikationstheorie kennt zahlreiche Definitionen und Modelle, mit deren Hilfe sich Kommunikation erklären lässt. Die Bandbreite reicht von einfachen Sender-Empfänger-Modellen, z. B. von Shannon/Weaver, über W-Fragen-Modelle zur Gesprächsanalyse von Heringer bis hin zu einem aktuellen Modell der Hamburger Schule, das einen konstruktivistischen Ansatz verfolgt. Bei der Analyse verschiedener Kommunikationssituationen und Kommunikationskonflikte zeigt sich, dass vor allem folgende fünf Elemente wesentlich und hilfreich für das Verstehen sind: die Kommunikationsbasis, die Rolle resp. die Beziehung der Gesprächsteilnehmenden, die Emotionen, die vier Ebenen der Botschaft gemäss Schulz von Thun sowie die para- und nonverbale Gestaltung.

Kommunikationsbasis
Rolle/Beziehung
Emotionen
Vier Ebenen
Para- und nonverbale Ebene

Diese fünf Elemente sind nicht voneinander losgelöst zu betrachten, sondern greifen – teilweise mit fliessenden Übergängen – ineinander: Das Zusammenspiel aller Elemente hilft, die Kommunikation im Kontext zu verstehen.

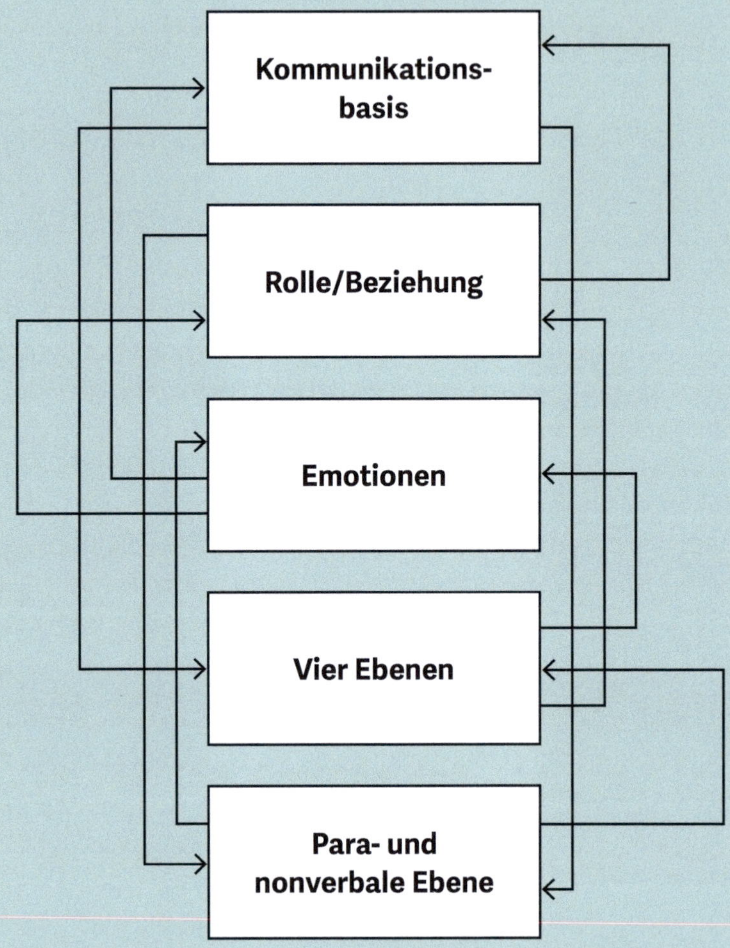

DIESE FÜNF ELEMENTE WERDEN IM FOLGENDEN GENAUER ERKLÄRT.

2.1 Kommunikationsbasis

Ob man grundsätzlich mündlich oder schriftlich kommuniziert, welchen Kommunikationskanal (E-Mail, Brief, Meeting, persönliches Gespräch etc.) man wählt und ob die Situation einen formellen (z. B. Bewerbungsgespräch) oder informellen (Small Talk bei einer Party) Charakter hat: Diese Faktoren können als Kommunikationsbasis bezeichnet werden und beeinflussen ein Gespräch. Ein einfaches Beispiel soll diesen Aspekt verdeutlichen: Wenn mir ein Bekannter an einem Fest ein Aktienpaket verkaufen will, hat dies eine andere Wirkung auf mich, als wenn er in seinem Büro in der Bankfiliale vor mir sitzt, mir die Broschüre zeigt und mir dabei dasselbe Aktienpaket vorstellt. Die informelle Situation (Fest), bei der grundsätzlich wenige Regeln für die Interaktion bestehen, führt zu einem anderen Gesprächsverlauf und wohl auch zu einem anderen Ergebnis als die formelle Situation (Büro der Filiale). Bei einer formellen Kommunikationssituation ist der Rahmen vorgegeben und das Verhalten geprägt von (ungeschriebenen) Gesetzen, Konventionen und Regeln.

Die Kommunikationsbasis steuert nicht nur die Kommunikation, sondern kann auch massgeblich darüber entscheiden, ob Kommunikation gelingt oder nicht. Hierzu ein Beispiel:

Ein Mitarbeiter einer Autowerkstatt teilt einem Kunden telefonisch die Preise für verschiedene Ausführungen neuer Winterreifen mit. Der Kunde entscheidet sich am Telefon für einen Satz Reifen der günstigsten Preisklasse, weil er das Auto in nächster Zeit verkaufen und keine unnötigen Investitionen tätigen möchte. Als er nach dem Reifenwechsel die Rechnung erhält, ist er sprachlos. Man hat ihm die teuersten Reifen montiert. Ein Rückruf in der Werkstatt führt leider zu keiner Klärung des Sachverhalts.

Interpretationsvorschlag:

Der Verkauf der Reifen erfolgte mündlich via Telefon. Die Wahl des Kanals (Telefonat) führte dazu, dass man im Nachhinein nicht mehr eruieren konnte, wie es zu dem Missverständnis kam, da es keine schriftliche Bestätigung der Bestellung gab.

2.2 Rolle und Beziehung

Rollen kennt man aus dem Theater oder dem TV, aber auch im realen Leben hat man verschiedene Rollen, die man spielen bzw. bedienen muss. Ein Beispiel: Mark ist Student in einem Teilzeitstudium, nebenbei arbeitet er als Softwareentwickler. Er hat eine Freundin und in der Freizeit trainiert er eine Juniorenfussballmannschaft. Die Aufzählung liesse sich problemlos erweitern. Seine Rollen: Student, Mitarbeiter, Freund sowie Trainer. An jede seiner Rollen sind Erwartungen geknüpft. Allgemein formuliert lässt sich sagen: Eine Rolle ist Ausdruck der Erwartungen der Gesellschaft an die Person, die die Rolle innehat. Von Mark in seiner Rolle als Schiedsrichter wird erwartet, dass er fair und neutral und dass er durch die entsprechende Kleidung auf dem Spielfeld als Schiedsrichter zu erkennen ist. Die Erwartungen bzw. Ansprüche beziehen sich folglich zum einen auf das Verhalten («neutral und fair») und zum anderen auf das Aussehen («Schiedsrichtertrikot»). Die Rolle sowie die Erwartungen an diese Rolle beeinflussen den Verlauf der Kommunikation. Sie gibt in einer Kommunikationssituation demnach vor, welche Kommunikationsregeln berücksichtigt werden müssen. Problematisch wird es, wenn sich die jeweilige Person mit ihrer Rolle nicht identifizieren oder die Erwartungen, die gestellt werden, nicht erfüllen kann. Zurück zum Beispiel: Mark als Schiedsrichter pfeift offensichtlich parteiisch oder wendet beim Vergeben der roten Karte ein anderes Vorgehen an. Sein Verhalten wäre somit nicht regelkonform.

Rollen existieren zudem nicht unabhängig vom Kontext. Die Rolle des Schiedsrichters ergibt sich erst aus der Interaktion mit den Fussballspielern auf dem Spielfeld. Sie erwarten vom Schiedsrichter, dass er neutral und fair agiert. Ein anderes Beispiel: Der Arzt braucht, um seine Rolle zu erfüllen, einen Patienten bzw. eine Patientin.

Watzlawick et al.[1] unterscheiden symmetrische und komplementäre Interaktionen. Bei der symmetrischen Interaktion ist das Verhalten beider Interaktionspartner spiegelbildlich. Beide stehen auf einer Stufe, es gibt keine Hierarchie zwischen ihnen. Sie streben nach Gleichheit und der Vermeidung von Unterschieden. Beispiele: Freunde, Arbeitskollegen und Arbeitskolleginnen gleicher Hierarchiestufe, eine Gruppe Studierender. Sie besitzen in der Kommunikation gleiche Rechte und gleiche Pflichten. Demgegenüber wird ein sich gegenseitig ergänzendes Verhalten als komplementär bezeichnet. In letzterem Fall nimmt ein Interaktionspartner die superiore, der andere die inferiore Position ein. Beispiele: Mutter (superior) – Kind (inferior), Arzt (superior) – Patient (inferior), Lehrer (superior) – Schüler (inferior), Vorgesetzter (superior) – Mitarbeiter (inferior).

Wichtig ist hinzuzufügen, dass diese Beziehungsverhältnisse während einer Kommunikationssituation nicht als absolut betrachtet werden dürfen. Auch wenn zum Beispiel das Beziehungsverhältnis zwischen Vorgesetztem und Mitarbeiter grundsätzlich als komplementär betrachtet werden kann, so gibt es Situationen, in denen

1) Watzlawick, P., Beavin, J. H. und Jackson, D. D. (2017 [1969]). Menschliche Kommunikation. Formen, Störungen, Paradoxien. 13., unveränderte Auflage. Bern: hogrefe.

diese steile Hierarchie nicht gegeben oder auch nicht angebracht ist, wie zum Beispiel in einer Projektarbeitsgruppe, wenn der Vorgesetzte und der Mitarbeiter zusammenarbeiten. In diesem Fall kann sich das Beziehungsverhältnis aufgrund der Rollen, die sich in der Situation ergeben, angleichen. Das zeigt sich beispielsweise, wenn ein Teamleiter in einer Projektgruppe des Teams mitarbeitet, bei der ein Teammitglied aufgrund seiner fachlichen Expertise den Lead hat und der Teamleiter in dieser Arbeitssituation in der inferioren Position ist. Die zwei Rollen (Vorgesetzter und Projektmitglied) können eine Herausforderung für die Führungsperson darstellen, weil es unterschiedliche Erwartungen an diese beiden Rollen gibt. In einem solchen Fall spricht man von einem Rollenkonflikt.

Ein Beispiel, wie die Rolle/Beziehung die Kommunikation beeinflussen kann:

Die Chefin einer Marketingagentur hat einem Kunden ein Angebot zugeschickt. Der Kunde ruft am nächsten Tag an, um sich zu bedanken und gleichzeitig um eine Anpassung der Modalitäten zu bitten. Da die Chefin nicht erreichbar ist, nimmt sich freundlicherweise eine Praktikantin, die seit zwei Tagen im Unternehmen ist, der Sache an. Bisher hatte noch niemand Zeit, sich um sie zu kümmern und sie in das Unternehmen einzuführen, weshalb sie froh ist, etwas zu tun zu haben. Sie nimmt aber nicht nur das Anliegen des Kunden entgegen, sondern schickt im Anschluss an das Telefonat dem Kunden auch gleich das angepasste Angebot zu. Die Chefin erfährt davon. Wütend bestellt sie ihre Praktikantin zum Gespräch.

Interpretationsvorschlag:

Zwischen der Chefin und der Praktikantin besteht eine komplementäre Beziehung. Die Chefin bzw. Vorgesetzte ist in der superioren Position und ihre Praktikantin in der inferioren Position. Vertragsverhandlungen und eigenmächtige Entscheidungen gehören nicht zu den Aufgaben der Praktikantin. Die Erwartungen an ihre Rolle sind, dass sie lediglich Aufträge und Anweisungen der Chefin entgegennimmt und diese ausführt. Ideen und Vorschläge muss sie im Vorfeld mit ihrer Chefin besprechen. Mit ihrem Handeln hat sie die Erwartung an ihre Rolle eindeutig nicht erfüllt. Sie soll in erster Linie das Geschäft kennenlernen und Erfahrungen sammeln. Sie besitzt keine Handlungskompetenzen. Diese obliegen der Vorgesetzten. Die Vorgesetzte hat es aber offenbar versäumt, der Praktikantin ihre Rolle und somit ihre Aufgaben in der Agentur zu erläutern. Somit hat sie ihrerseits nicht den Erwartungen an ihre Rolle entsprochen.

2.3 Emotionen

Emotionen und Stimmungen/Befindlichkeiten, positiv wie negativ, sind stets Teil der Kommunikation und können nicht ausgeblendet werden. Es ist nicht möglich, Emotionen vollständig zu ignorieren oder zu kontrollieren, um ein Gespräch rein emotionslos zu führen. Emotionen sind also immer im Spiel und beeinflussen die Bedeutungsübermittlung in einer Kommunikation unmittelbar. Mit Emotionen sind nicht nur die starken Emotionen wie Wut, Trauer oder Angst gemeint, sondern unsere jeweilige Befindlichkeit, mit der wir in ein Gespräch gehen. Je nachdem, ob wir einen guten/schlechten Tag haben, ob wir Interesse oder kein Interesse am Thema haben, skeptisch gegenüber dem Sachverhalt sind, ob wir unserem

Gesprächspartner kritisch oder positiv gegenüber eingestellt sind: All das hat Einfluss auf den Gesprächsverlauf.

Emotionen können den Gesprächsverlauf einerseits behindern und im schlimmsten Fall sabotieren, andererseits ihn aber auch bereichern und vielleicht ein Gespräch erst möglich machen. Es ist notwendig, dass wir uns über unsere Befindlichkeiten und Emotionen bewusst sind und diese idealerweise auch bei unserem Gesprächspartner richtig einschätzen können. Werden vor allem negative Emotionen ausser Acht gelassen, birgt dies ein hohes Konfliktpotenzial. Ebenso ist es von Vorteil, positive Emotionen bewusst einzusetzen und, wenn bereits vorhanden, zu verstärken, um eine konstruktive Gesprächsatmosphäre zu unterstützen.

Ein Beispiel, wie Emotionen die Kommunikation beeinflussen können:

Die beiden Teamleiter Fabio und Raphael treffen sich wie jeden Freitag, um den Einsatzplan der verschiedenen Teil-Teams für die kommende Woche zu besprechen. Dies gehört zu ihren routinemässigen Aufgaben. Normalerweise ist das schnell erledigt. Heute kommt es allerdings zu einer Unstimmigkeit zwischen den beiden. Fabio ist recht spät dran. Das Meeting mit seinem Chef hat länger gedauert. Ausserdem ist er sehr wütend, weil sein Chef einen Vorschlag von ihm kategorisch abgelehnt hat. Raphael ist heute etwas zerstreut. Die letzte Nacht hat er schlecht geschlafen und heute Morgen dann im Parkhaus auch noch seinen Aussenspiegel abgefahren. Im Verlauf des Gesprächs meint

Fabio: *«Wieso willst du den Müller ausgerechnet am Dienstag in meinem Team einsetzen?»*

Raphael: *«Er arbeitet doch sonst auch manchmal in deinem Team.»*
Fabio: *«Ja, aber nie in der Dienstagsschicht.»*

Es entbrennt ein heftiger Streit. Fabio steht auf einmal auf und verlässt die Tür knallend das Büro. Raphael greift mit zittriger Hand zu seiner Kaffeetasse.

Interpretationsvorschlag:

Beide Teamleiter sind mit einer etwas angeschlagenen emotionalen Verfassung in das Meeting gegangen, Fabio wütend und leicht aggressiv, Raphael dünnhäutig und empfindsam. Eine sachliche Erörterung der Thematik scheint daher für beide nicht möglich zu sein. Fabio fehlt der kühle Kopf, was aufgrund Raphaels Gemütszustand die Situation nicht vereinfacht. Abstand und eine Gesprächspause oder Gesprächsunterbrechung hätten in dieser Situation die emotionsgeladene Situation entschärfen können.

2.4 Vier Ebenen nach Schulz von Thun

Kommunikation ist eine Interaktion zwischen mindestens zwei Teilnehmenden, bei der eine Botschaft vom Sender an den Empfänger übermittelt wird. Gemäss Schulz von Thun[2] enthält die Nachricht nicht nur einen Bedeutungsinhalt, sondern jede Botschaft besteht aus vier Informationen, die an den Empfänger übermittelt werden.

2) Schulz von Thun, F. (2010). Miteinander reden. 1: Störungen und Klärungen: Allgemeine Psychologie der Kommunikation. 48. Auflage. Reinbek: Rowohlt.

Ein Beispiel soll die vier Ebenen verdeutlichen:

Der Sender übermittelt folgende Botschaft an den Empfänger: **«Unser Projekt geht zu langsam voran.»** Diese Botschaft kann wie folgt auf den vier Ebenen verstanden werden:

Sachebene: «Das Projekt benötigt zeitlich zu viele Ressourcen.»
Selbstoffenbarung: «Mich nervt, dass es nicht vorangeht.»
Beziehung: «Ich habe eigentlich keine Lust mehr, mit dir zu arbeiten.»
Appell: «Wir müssen jetzt vorwärts machen.»

Damit man von einer gelungenen Kommunikation sprechen kann, muss die Botschaft seitens des Empfängers so entschlüsselt werden, wie der Sender es beabsichtigt hat, dass sie verstanden werden soll. Vereinfacht: Erst wenn mein Gegenüber verstanden hat, was ich sagen will, hat die Kommunikation geklappt. Auf das Beispiel bezogen: Wenn der Sender das Anliegen hatte, deutlich zu machen, dass es jetzt mit dem Projekt vorangehen muss, und der Empfänger danach einen Optimierungsvorschlag einbringt, dann ist die Kommunikation gelungen. Der Empfänger hat den Appell des Senders verstanden. Sollte der Sender beabsichtigt haben, einen Appell zu senden, der Empfänger fühlt sich jedoch persönlich angegriffen und hat das Gefühl, dass der Sender die Zusammenarbeit infrage stellt, dann ist die Kommunikation misslungen. Der Sender hat in diesem Fall die Botschaft auf der Appellebene gesendet, wobei der Empfänger die Botschaft auf der Beziehungsebene verstanden hat.

In der Regel vermittelt der Sender die Botschaft vorwiegend auf einer Ebene, was ein Grund dafür ist, weshalb die Kommunikation häufig funktioniert. Zudem wissen wir aufgrund unseres kommunikativen Alltags und unserer Routine, wie Botschaften in einem bestimmten Kontext zu verstehen sind. Der Sender fragt: «Kannst du mir sagen,

Vier Ebenen einer Botschaft

nach Schulz von Thun

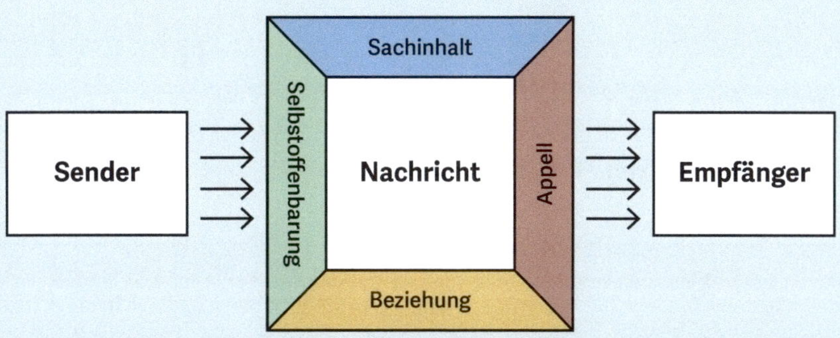

Sachinhalt	Was ist der Sachverhalt? Worüber wird informiert bzw. worum geht es? Hier handelt es sich um die unbewertete Information.
Selbst-offenbarung	Was gebe ich von mir preis? Was lege ich von mir offen? Hier zeigt sich die jeweilige Ich-Botschaft, die der Sender mit seiner Nachricht sendet.
Beziehung	Warum teile ich dir das mit? Was hat das mit dir zu tun? Die Botschaft macht deutlich, wie aus Sendersicht beide zueinander stehen, und zeigt, was der Sender vom Empfänger hält.
Appell	Wozu will ich dich veranlassen? Was möchte ich, dass du tust bzw. unterlässt? Es handelt sich um eine Bitte oder Aufforderung.

Hinweis:

Nicht alle vier Ebenen der Botschaft sind in einer Nachricht als gleichrangig zu betrachten. In der Regel spielen ein bis zwei Ebenen die wichtigste Rolle. Die anderen Ebenen schwingen aber dennoch immer mit.

Beispiel: Vier Ebenen einer Botschaft

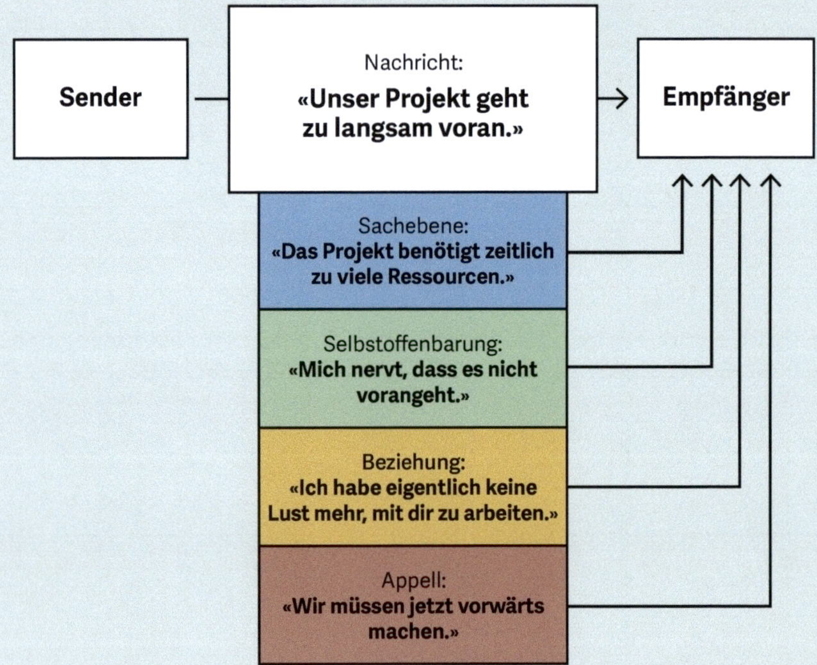

Hinweis:
Nicht alle vier Ebenen der Botschaft sind in einer Nachricht als gleichrangig zu betrachten. In der Regel spielen ein bis zwei Ebenen die wichtigste Rolle. Die anderen Ebenen schwingen aber dennoch immer mit.

wie spät es ist?» Wortwörtlich genommen handelt es sich hier um eine sachliche Alternativfrage, auf die die korrekte Antwort auf der Sachebene entweder Ja oder Nein lautet. Der Empfänger wird aber die Intention des Senders aus seiner Erfahrung heraus in der Regel korrekt entschlüsseln (nämlich als Appell) und dem Fragenden nach Möglichkeit die Uhrzeit nennen.

Problematisch wird es, wenn die Botschaft vom Empfänger auf einer anderen Ebene entschlüsselt wird, als vom Sender vorrangig vermittelt wurde, wenn sie also nicht so verstanden wird, wie sie aus Sicht des Senders verstanden werden sollte. In diesem Fall kommt es zu einem Missverständnis. Zurück zum obigen Beispiel: Wenn die Botschaft, dass das Projekt zu langsam vorangeht, vom Empfänger als persönlicher Angriff – also auf der Beziehungsebene – verstanden wird, dann sind folgende Reaktionen denkbar:

- Es könnte ein Streit entstehen, wenn der Empfänger zum Sender sagt: «Ich bin rund um die Uhr mit dem Projekt beschäftigt und du wirfst mir vor, dass ich nicht genug mache und zu langsam sei.»
- Der Empfänger ist beleidigt und verweigert (für den Moment) die weitere Zusammenarbeit. Er schweigt.
- Der Empfänger ignoriert vorerst den empfundenen persönlichen Angriff und thematisiert diesen oder rächt sich sogar zu einem späteren Zeitpunkt.

Wie das Beispiel zeigt, kann die Beziehungsebene in Kommunikationssituationen zu Missverständnissen oder Missstimmung führen. Gleichzeitig ist sie aber die Voraussetzung für das Gelingen von Gesprächen. Auf diesen Aspekt soll an dieser Stelle näher eingegangen werden: Eine positive Gesprächsatmosphäre und somit eine positive

Beziehung zwischen den Kommunikationspartnern ist eine Voraussetzung, damit die Kommunikation für beide Seiten erfolgreich verlaufen kann. Nur wenn der andere bereit ist, mir zuzuhören, habe ich in der Regel eine Chance, dass mein Anliegen verstanden wird. Aus diesem Grund ist es ratsam, für eine respektvolle und wertschätzende Gesprächsatmosphäre zu sorgen, unabhängig davon, ob ich die Meinung meines Gegenübers teile oder nicht. Greife ich mein Gegenüber an, wird die Gesprächsbereitschaft auf der anderen Seite abnehmen und eventuell in Aggression umschlagen. Wenn Sie mit Ihrer Kollegin zum Beispiel die Schicht tauschen wollen und möchten, dass sie einen Kunden von Ihnen übernimmt, wird sie sich mit Sicherheit nur dann bereit erklären, wenn Sie Ihr Anliegen in einem entsprechenden Ton vorbringen. In Bezug auf die Beziehungsebene gemäss Schulz von Thun bedeutet das, dass der Sender mit seiner Kommunikation zeigen sollte, dass er den Empfänger schätzt bzw. respektiert.

Eine weitere Herausforderung stellt die Tatsache dar, dass Botschaften nicht immer direkt kommuniziert werden, der Sender also seine Botschaft «verpackt» und dem Empfänger das Decodieren der Nachricht somit erschwert. Die Frau sagt beispielsweise nicht klar auf der Selbstoffenbarungsebene «Ich möchte gern ins Kino gehen.», sondern sie sagt: «Wollen wir heute Abend ins Kino gehen?» Sie ist enttäuscht, wenn der Mann antwortet «Nein, ich habe heute keine Lust». Sie hatte insgeheim den Wunsch, ins Kino zu gehen. Sie hat es aber nicht direkt kommuniziert, sondern eine Frage auf der Sachebene gestellt. Nun ist sie verärgert, dass der Mann ihr den Wunsch abgeschlagen hat. Er versteht diese Enttäuschung vermutlich nicht, weil er die Sachfrage mit einer Antwort auf der Sachebene beantwortet hat. Die indirekte Kommunikation ist nicht grundsätzlich ein Genderthema, sondern auch eine Frage der Persönlichkeit und des Kulturkreises. In manchen Kulturkreisen ist eine direkte Kommunikation unüblich (z. B. in China). Man lehnt etwas nicht direkt ab oder kritisiert keine andere Person.[3] Indirekte Kommunikation zeigt sich durch Andeutungen oder Anspielungen oder auch aufgrund des Nonverbalen, wenn beispielsweise anstatt eine Antwort zu geben geschwiegen wird. Die indirekte Kommunikation hat Vorteile, weil sie als höflich, respektvoll und wertschätzend empfunden wird. Die Nachteile, nämlich die Gefahr von Missverständnissen, liegen aber auf der Hand.

2.4.1 Kommunikationstest zu den vier Ebenen

Unsere Kommunikation ist sehr individuell, weil wir individuell sind und unsere Persönlichkeit Einfluss auf unsere Kommunikation hat. Folglich verstehen wir Botschaften teilweise auch unterschiedlich. Die eine Person hat vielleicht häufig das Sachohr aktiviert, eine andere Person neigt dazu, Botschaften eher mit dem Beziehungsohr zu verstehen. Der nachfolgende Test[4] soll Ihnen Aufschluss darüber geben, mit welchem Ohr bzw. mit welchen Ohren Sie tendenziell Botschaften verstehen. Im Anschluss an die Auswertung des Testergebnisses finden Sie Hinweise, welche Vor- und Nachteile Ihr persönliches Hören haben kann.

Auftrag: Was will die sprechende Person (Sender) der Kommunikationspartnerin bzw. dem Kommunikationspartner (Empfänger) in den folgenden Fällen mitteilen? Entscheiden Sie sich für Antwort a, b, c oder d.

3) Ein Literaturtipp zu dieser Thematik: Liu, Y. (2021). Ost trifft West. 10. Auflage. Mainz: Hermann Schmidt.

4) In Anlehnung an https://de.scribd.com/document/451416455/Kommunikationstest2-pdf.

1) Zwei Kollegen fahren als Fahrgemeinschaft zur Arbeit. Hundert Meter vor einer Ampel sagt der Beifahrer zum Kollegen, der am Steuer sitzt: «Du, da vorne ist grün.» Der Beifahrer will damit sagen:

a) Ich bin ein aufmerksamer Beifahrer.
b) Du fährst nicht aufmerksam genug und brauchst meine Unterstützung.
c) Die Ampel steht auf grün.
d) Fahr doch schneller, gib Gas!

2) Ein Student hat vergessen, eine Aufgabe zu erledigen. Er sagt zum Dozenten: «Ich habe die Aufgabe vergessen.» Der Student will damit zum Ausdruck bringen:

a) Ich habe momentan wenig Zeit.
b) Sie überlasten mich mit Ihren ständigen Aufgaben.
c) Ich habe vergessen, die Aufgabe zu machen.
d) Drücken Sie bitte ein Auge zu.

3) Ein Mitarbeiter geht auf den Vorgesetzten zu und sagt: «Ich habe gehört, dass viele im Team eine Gehaltserhöhung erhalten haben!» Der Mitarbeiter sagt damit:

a) Ich fühle mich benachteiligt.
b) In meinen Augen bist du kein guter Vorgesetzter.
c) Offensichtlich werden alle unterschiedlich behandelt.
d) Gib auch mir eine Gehaltserhöhung!

4) Sie sitzen mit Freunden beim Essen. Da fragt der Gast den Gastgeber: «Wo ist das Salz?» Der Gast will damit sagen:

a) Ich mag gern ausreichend gesalzenes Essen.
b) Du solltest dich mehr um uns als Gäste kümmern.
c) Es ist kein Salz auf dem Tisch.
d) Bring oder gib mir bitte das Salz.

5) Sie sind mit einer guten Bekannten verabredet. Doch die Bekannte kommt unentschuldigt nicht. Was denken Sie, was sie Ihnen damit mitteilen möchte?

a) Ich habe keine Lust zu kommen.
b) Du bist mir nicht wichtig genug, um mich um Pünktlichkeit zu bemühen.
c) Es gab eine Terminkollision.
d) Bitte sei nachsichtig!

6) Sie haben soeben eine wichtige Arbeit abgeschlossen. Ein älterer Arbeitskollege sagt zu Ihnen: «Das ist aber heute rasch gegangen.» Er will Ihnen damit sagen:

a) Ich bin erstaunt über die rasche Erledigung.
b) Ich hätte nicht gedacht, dass du so schnell sein kannst.
c) Die Aufgabe hat heute offenbar wenig Zeit erfordert.
d) Mach das doch künftig immer genauso schnell!

7) Sie kommen zu spät zu einem Treffen der Wohngemeinschaft. Im Flur treffen Sie Ihre WG-Partnerin. Sie sagt: «Unser Treffen ist schon vorbei.» Damit gibt sie zu verstehen:

a) Ich bin verärgert.
b) Du denkst immer nur an deine Termine und unsere Belange interessieren dich nicht.
c) Du bist zu spät.
d) Komm das nächste Mal pünktlich.

8) Bei einer Arbeitsbesprechung haben Sie eine Idee gehabt und einen Vorschlag gemacht. Ein älterer Arbeitskollege sagt dazu: «So haben wir das noch nie gemacht!» Was ist seine Botschaft?

a) Ich glaube nicht, dass dieser Vorschlag etwas bringt.
b) Es steht dir als jüngerem Arbeitskollegen/jüngerer Arbeitskollegin nicht zu, alles auf den Kopf zu stellen.

c) Bisher wurden die Aufgaben anders erledigt.
d) Bleiben wir lieber bei Lösungen, die sich bewährt haben.

9) Der Chef fragt Sie: «Wieso ist der Ordner nicht an seinem Platz?» Was möchte er Ihnen damit zu verstehen geben?

a) Ich habe den Ordner gesucht und nicht gefunden.
b) Du bist sehr unordentlich.
c) Der Ordner ist nicht dort, wo er sein sollte.
d) Du sollst den Ordner immer an den vorgesehenen Platz stellen.

10) Ein Freund sagt zu Ihnen: «Ich gehe heute Abend ins Kino.» Was meint er?

a) Ich möchte zwar ins Kino gehen, aber nicht gerne alleine.
b) Du unternimmst zu wenig mit mir.
c) Ich habe beschlossen, heute Abend ins Kino zu gehen.
d) Komm mit mir ins Kino!

11) Sie arbeiten mit zwei Kolleginnen an einem Infostand in einem Baumarkt. Ein Kunde steuert auf Sie zu. Ihre Kollegin sieht Sie fragend an. Was könnte das bedeuten?

a) Ich bin gerade zu beschäftigt, um den Kunden zu bedienen.
b) Ich habe heute die meisten Kunden bedient, jetzt bist du dran.
c) Ein Kunde benötigt eine Information.
d) Übernimm du doch den Kunden!

12) Die Chefin fragt: «Ist für die morgige Präsentation schon alles vorbereitet?» Sie möchte damit zum Ausdruck bringen:

a) Ich möchte, dass bei einer Präsentation alles reibungslos klappt.
b) Dir muss ich immer nachlaufen, wenn ich wissen will, ob alles richtig vorbereitet ist.
c) Die Präsentation sollte pünktlich starten.
d) Sag mir jeweils, wenn deine Arbeit erledigt ist!

2.4.2 Auswertung des Kommunikationstests

Zählen Sie, wie oft Sie a-, b-, c- und d-Antworten angekreuzt haben.

Mehrheitlich a-Antworten: Die Selbstoffenbarung dominiert.
Chancen: Es kann von Empathie zeugen, wenn man sich überlegt, wie sich der andere fühlt und was ihn zu der betreffenden Aussage bewogen hat. Man kann sich gut in die Perspektive des Gegenübers hineinversetzen. Zudem nimmt man nicht alles gleich persönlich, ist entspannt und wartet ab, wie sich die Situation entwickelt. Beispiel: Wenn der Chef mal wütend ist, weil er mit der Arbeitsleistung angeblich nicht zufrieden ist, dann hat er eben einfach einen schlechten Tag erwischt. Die Situation wird sich wieder beruhigen.

Risiken: Zugleich ist damit auch ein Risiko angesprochen, nämlich dass man Dinge nicht an sich heranlässt und sich nicht angesprochen fühlt. Man distanziert sich vom Thema und letztlich auch vom Gegenüber. Wenn – wie im oben genannten Beispiel – der Chef wütend ist, dann kann dies auch bedeuten, dass die Arbeitsleistung tatsächlich ungenügend ist (Sachebene) oder dass das Arbeitsverhältnis zwischen beiden gestört ist (Beziehungsebene) oder dass er mehr Leistung einfordert (Appell). Angenommen, der Chef ist regelmässig wütend, ist mit grosser Wahrscheinlichkeit anzunehmen, dass er nicht jedes Mal nur «einen schlechten Tag» hat. Eine Haltung, bei der mehrheitlich davon ausgegangen wird, dass lediglich der Sender etwas von sich preisgibt, kann zu Konflikten (z. B. mit dem Chef, wie oben erwähnt) führen.

Mehrheitlich b-Antworten: Die Beziehungsebene dominiert.
Chancen: Die positive Gesprächsatmosphäre ist immer Voraussetzung erfolgreicher Gespräche. Eine intakte Beziehungsebene ist dabei die Grundlage. Wenn man Botschaften auf der Beziehungsebene

wahrnehmen kann, dann hat man ein gewisses Mass an Sensibilität und realisiert schnell, wenn sich z. B. ein Konflikt anbahnt.

Risiko: Es wird problematisch, wenn man zu empfindlich ist und sachliche Äusserungen zu persönlich nimmt. Wenn man Aussagen auf die Beziehungsebene projiziert, dann kann es genau auf dieser Ebene zu Konflikten kommen. Des Weiteren ist davon auszugehen, dass nicht jede Botschaft vom Sender auf der Beziehungsebene gesendet werden soll.

Mehrheitlich c-Antworten: Die Sachebene dominiert.
Chancen: Man «hört» rational, sachlich und versucht, das Thema zu erfassen, und schätzt so die Sachlage meist richtig ein.

Risiken: Die Gefahr besteht, dass vieles, was «zwischen den Zeilen» mitgeteilt wird, nicht wahrgenommen wird. Man übersieht eventuell, dass eine vermeintliche Information auch eine freundliche und indirekte Aufforderung sein kann. Beispiel: In einer Sitzung sagt der Chef: «Das Dossier X sollte bei Gelegenheit aktualisiert werden.» Vielleicht würde der Chef erwarten, dass ich mich freiwillig melde und Verantwortung übernehme.

Mehrheitlich d-Antworten: Die Appellebene dominiert.
Chancen: Wer mehrheitlich Botschaften als Appelle wahrnimmt und deshalb auch indirekt Appelle hört, leistet in der Regel gute Arbeit und zeichnet sich durch eine proaktive Verhaltensweise und Lebenseinstellung aus.

Risiken: Man fühlt sich aufgefordert, sich mit der Sachlage zu befassen, Lösungen zu entwickeln oder in Aktion zu treten. Deshalb schiesst man manchmal auch am Ziel vorbei. Zudem läuft man Gefahr, auszubrennen, weil man alles an sich reisst und zur eigenen Sache macht.

Fazit: Wenn man Botschaften einseitig, z. B. fast alle auf einer oder zwei Ebenen empfängt, dann ist das ein Indiz dafür, dass man offensichtlich die anderen Ebenen beim Hören nicht bedient. Die Gefahr ist gross, dass man mitunter nicht in der Lage ist, eine Botschaft richtig zu entschlüsseln, weil Botschaften eben nicht nur auf der Ebene, die man hört, gesendet werden. Jemand, der z. B. nur die Appell- und Beziehungsebene angekreuzt hat, sollte in Zukunft sein Sach- und Selbstoffenbarungsohr trainieren. Im Idealfall hat man alle Antworten von a bis d gut verteilt. Da man in diesem Fall mit allen vier Ohren hören kann, läuft man weniger Gefahr, das Gegenüber falsch zu verstehen.

2.5 Para- und nonverbale Ebene

Die Stimme und ihre Lautstärke, Mimik, Gestik, Körperhaltung, Kleidung und vieles mehr sind Teil unserer Kommunikation. In der Kommunikation geht es nicht nur darum, *was* eine Person sagt, sondern *wie* sie es sagt. In unserer Wahrnehmung hat das sogar die grössere Bedeutung, vor allem wenn es darum geht, die Glaubwürdigkeit des Gesagten zu untermauern bzw. überhaupt zu entscheiden, ob man bereit ist, der Person zuzuhören, sich mit ihr zu unterhalten. Das Wie der Kommunikation lässt sich in die para- und nonverbale Ebene unterteilen:

Wir nehmen **nonverbale** und somit visuelle Signale wie Kleidung, Körperhaltung, Blickkontakt, Mimik und Gestik sofort wahr, wenn wir einer Person begegnen – sei es beim Small Talk bei einer Party oder bei einer Präsentation im beruflichen Kontext. Wir entscheiden in Bruchteilen von Sekunden, ob uns die Person sympathisch ist, ob wir ihr zuhören möchten oder ob sie glaubwürdig ist und unserer Meinung nach Ahnung hat von dem, was sie sagt. Die nonverbale Ebene spielt auch in der schriftlichen Kommunikation eine Rolle, wenn auch eher untergeordnet. Man behilft sich hier mit Emojis und Emoticons, um Mimik und Gestik zu transportieren. Da uns in der schriftlichen Kommunikation nur eingeschränkte Gestaltungsmöglichkeiten auf der nonverbalen Ebene zur Verfügung stehen, ergibt sich eher Potenzial für Missverständnisse. Denn wie etwas vom Sender gemeint ist, lässt sich manchmal nicht so leicht interpretieren.

In der Mündlichkeit kann man mit dem Tonfall, der Lautstärke, mit Betonung, mit Pausen, die man setzt, und dem Sprechtempo variieren und somit dem Gesagten die gewünschte Bedeutung geben. Wenn Sie z. B. jemandem scherzhaft etwas mitteilen wollen, werden Sie das mit einem Lächeln, offener Gestik und entspannter Stimmlage äussern. Schriftlich ist das **Paraverbale** schwieriger zu transportieren. Beispiele für diese Gestaltung sind: Verwendung von Grossbuchstaben und/oder mehrerer Ausrufezeichen, Wahl des Papiers, Handschrift vs. Computerschrift.

Vor allem im beruflichen Kontext kann in der schriftlichen Kommunikation die Botschaft im Prinzip nur auf der verbalen Ebene gesendet werden. Emojis und Emoticons sind in der Regel unüblich. Die schriftliche Kommunikation hat natürlich dennoch ihre Berechtigung. Sie ermöglicht zeitversetztes und strukturiertes Kommunizieren und schafft ein höheres Mass an Verbindlichkeit, als dies in der Mündlichkeit der Fall ist. Zusammenfassend: Mit dem «Wie man etwas sagt» ist also die Gestaltung auf der para- und nonverbalen Ebene gemeint.

Ein Beispiel, wie man die para- und nonverbale Ebene in einer Kommunikationssituation beurteilen könnte:

Nach einer Bewerbungsrunde kommen für Monika Dittli, der Leiterin einer Abteilung, zwei Personen für die Stelle infrage. Beide verfügen über ein ähnliches Know-how in Bezug auf die Stellenanforderungen und bringen eine vergleichbare Berufserfahrung mit. Zudem betonen beide ein grosses Interesse an der ausgeschriebenen Position. Den Unterschied macht das para- und nonverbale Auftreten: Bewerberin A hatte stets Blickkontakt mit ihr, nickte zustimmend bei Ausführungen zum Unternehmen und dem Job, die Monika machte. Positiv wirkte auf sie die aufrechte und ihr als Gesprächspartnerin zugewandte Körperhaltung, die freundliche Mimik und feste Stimme der Kandidatin A. Kandidat B blickte hingegen oft zu Boden oder seine Arme waren verschränkt, wenn Monika mit ihm sprach. Seine Stimme war leise und wirkte teilweise zittrig. Bei Fragen, die ihm gestellt wurden, wippte er mit dem Fuss und blickte beim Antworten häufig aus dem Fenster.

Interpretationsvorschlag:

Es ist offensichtlich, dass sich Monika Dittli für die Kandidatin A entscheiden wird. In Bezug auf die para- und nonverbale Kommunikation wirkt sie überzeugender als Kandidat B. Die Glaubwürdigkeit einer Person ist gegeben, wenn die Botschaften auf der para-, non- und verbalen Ebene kongruent, folglich deckungsgleich, sind – also wenn das, was eine Person sagt, mit dem, wie es die Person sagt, übereinstimmt. Gleichzeitig wirkt die Person authentischer. Eine unsichere Stimme hingegen gepaart mit verschränkten Armen und einem Blick aus dem Fenster, wie es bei Kandidat B der Fall gewesen ist, wirken wenig überzeugend. Die para- und nonverbalen Botschaften von B passen nicht zu seiner Aussage, dass er sehr an der Stelle interessiert ist. Monika hat folglich eher einen Zugang zur Kandidatin A gefunden.

3. Übungen

3. Übungen

Die nachfolgende Tabelle gibt eine Übersicht über die Cases und zeigt auf, welche Elemente für die Analyse relevant sind. Die paraverbale Ebene spielt in den Cases eine untergeordnete Rolle, weil sie, wie im vorangehenden Kapitel erläutert, in der Schriftlichkeit kaum zum Tragen kommt und somit in den verschriftlichten Dialogen nur ungenügend thematisiert werden kann.

Cases	Schwerpunkt(e)
Case 1: Alte Freunde	Kommunikationsbasis und Rolle/Beziehung
Case 2: Die Terminfindung	Kommunikationsbasis, vier Ebenen, nonverbale Ebene
Case 3: Die E-Mail-Anfrage	vier Ebenen
Case 4: Die Beschwerde	vier Ebenen
Case 5: Die Perfektionistin	Kommunikationsbasis, Rolle/Beziehung und Emotionen
Case 6: Erwartungen	Rolle/Beziehung
Case 7: Die Wut-Mail	Kommunikationsbasis und Emotionen
Case 8: Die gute Freundin	Kommunikationsbasis und Rolle/Beziehung, vier Ebenen
Case 9: Die Vorgesetzte	Rolle/Beziehung, vier Ebenen
Case 10: Das Meeting	nonverbale Ebene

Die Cases weisen in Bezug auf die in Kapitel 2 vorgestellten Kommunikationsgrundlagen ein Analyse- oder Konfliktpotenzial auf. Wie bereits festgehalten, lassen sich die Elemente nicht immer trennen, sondern greifen ineinander. Wenn jemand zum Beispiel eine Botschaft als Vorwurf und somit auf der Beziehungsebene wahrgenommen hat, dann spielt neben den «vier Ebenen» auch das Element der «Emotionen» eine Rolle.

Das Kapitel ist wie folgt aufgebaut: Zu jedem Case gibt es ein bis zwei Aufträge. So sollte es leichter fallen, die anschliessende Analyse der Gesprächssituation nachvollziehen zu können. Aus der Analyse wird jeweils eine Take Home Message abgeleitet, die zum Ziel hat, dass Sie als Leser/Leserin die Überlegungen und Erkenntnisse auf ähnliche Situationen in Ihrem Alltag ableiten können.

Case 1: Alte Freunde

Auftrag

Im nachfolgenden Gespräch treffen sich David und Marco, zwei ehemalige Schulfreunde, zufällig in einer Bar. Versuchen Sie nachzuvollziehen, warum Marco am Ende des Dialogs verärgert ist.

David ist mit Arbeitskolleginnen und -kollegen nach Feierabend in einer Bar und trifft dort zufällig auf Marco, den er lange nicht gesehen hat. Die beiden sind zusammen zur Schule gegangen, waren gut befreundet und haben damals viel in der Freizeit miteinander unternommen. Nach der Schulzeit haben sie sich aus den Augen verloren. Jeder ist seiner Ausbildung und seinen Hobbys nachgegangen, da blieb wenig Zeit für die Kontaktpflege. Die Wiedersehensfreude ist gross und jeder berichtet, wie es ihm ergangen ist und was man beruflich momentan macht. David ist Teamleiter in einer Grossbank. Marco ist ebenfalls in der Finanzbranche tätig, mit seiner derzeitigen Arbeitssituation aber unzufrieden. Daher möchte er sich gern neu orientieren. David berichtet ihm, dass bei ihm im Unternehmen eine Stelle ausgeschrieben wurde. Diese ist allerdings nicht in seiner Abteilung.

David: *«Der ausgeschriebene Job würde super auf dein Profil passen und du hättest interessante Aufstiegschancen.»*
Marco: *«Das Anforderungsprofil scheint wirklich absolut auf mich zu passen. Es wäre klasse, wenn ich den Job bekommen könnte. Dann hätten wir auch wieder die Möglichkeit für mehr Kontakt und könnten die alten Zeiten wieder aufleben lassen.»*
Beide schwelgen nun in Erinnerungen und malen sich ihre gemeinsame berufliche Zukunft aus.

Zu fortgeschrittener Stunde verkündet David: *«Lass mich mal machen. Das sollte überhaupt kein Problem sein, dass du den Job bekommst. Schliesslich bin ich Teamleiter und habe durchaus Einfluss und Mitspracherecht. Das kläre ich. Den Job hast du so gut wie in der Tasche.»*

Marco ist begeistert und hatte insgeheim gehofft, dass David sich nicht nur für ihn einsetzen, sondern ihm auch den Job besorgen würde. Beide stossen in freudiger Erwartung auf die bevorstehende Zusammenarbeit im gleichen Unternehmen an. Marco schickt am nächsten Tag seine Bewerbungsunterlagen an die Bank und geht in Gedanken bereits das Bewerbungsgespräch durch. Das wird vermutlich nur pro forma stattfinden, denkt er. Als er dann nach einigen Tagen von der Personalabteilung der Bank eine Absage erhält, ist er schockiert. Sie haben ihn nicht einmal in die engere Wahl gezogen, geschweige denn zum Bewerbungsgespräch eingeladen. Was hat ihm David da nur versprochen? Es wäre doch das Mindeste gewesen, wenn er ihm wenigstens einen Termin für ein Gespräch besorgt hätte. So viel kann man doch bei der langjährigen Freundschaft, die sie beide verbindet, wohl erwarten. Verärgert ruft er seinen alten Schulfreund an.

Analyse

Marco und David verbindet eine langjährige Freundschaft, obwohl sie sich längere Zeit nicht gesehen haben. Sie treffen sich zufällig und kommen auf das Thema «Job». Obgleich die Kommunikation informell (Treffen in einer Bar) ist, entwickelt sich das Gespräch in eine Art Bewerbungsgespräch (formell). Die Überschneidung von formeller und informeller Kommunikationssituation führt dazu, dass sich beide emotional hochschaukeln, was in einem professionellen Bewerbungsgespräch nicht passieren würde. Dort würde der Austausch auf einer sachlichen und realistischen Ebene stattfinden. Das Hochschaukeln an der Bar zeigt sich darin, wie sie sich ihre gemeinsame Zukunft im Unternehmen ausmalen.

Da das Gespräch aus Marcos Perspektive einen formellen Aspekt (in einer informellen Kommunikationssituation) beinhaltet, führt das unter anderem zu seiner Enttäuschung. Konkret: Würden sie den Sachverhalt im Auge behalten, müsste beiden klar sein, wie unrealistisch die Annahme ist, dass David dafür sorgen kann, dass Marco den Job bekommt. Gleichzeitig müsste es Marco bewusst sein, dass er aufgrund fehlender sachlicher Informationen zum Jobprofil nicht ernsthaft glauben kann, dass er der einzig richtige Kandidat für die entsprechende Stelle ist.

Eine weitere Ursache für die Missstimmung bei Marco hat ihre Ursache in dem Umstand, dass die Rollen verschwimmen. David pendelt zwischen der Rolle des Schulfreundes und der Rolle eines Recruiters. In der Summe führt der informelle Gesprächskontext zusammen mit der Vermischung der Rollen zu Marcos Verärgerung.

Take Home Message

In informellen Gesprächssituationen essenzielle Gesprächsthemen wie Jobangebote zu thematisieren, insbesondere dann, wenn man die Sachebene aus den Augen verliert, ist problematisch. Man sollte sich stets bewusst sein, in welchem Rahmen das Gespräch stattfindet (informell oder formell), um einen unbewussten Wechsel zu vermeiden. Nicht selten geht mit der fehlenden Trennung von informell/formell ein unbewusster Rollenwechsel einher. Typische Anlässe für eine solche Gefahr der Vermischung sind Weihnachtsfeiern und allgemein Firmenanlässe.

Case 2: Die Terminfindung

Auftrag

Corinne und ihr Arbeitskollege Michael unterhalten sich am Mittagstisch. Achten Sie darauf, wie Corinne Sulzer kommuniziert, und fragen Sie sich, warum es zu einem Missverständnis kommt.

Corinne und Michael arbeiten zusammen in einem Projektteam. Sie sind beide seit ein paar Jahren in der gleichen Firma und haben zusammen schon einige Male in diversen Projekten miteinander gearbeitet. Sie kommen gut miteinander aus. Der Vorgesetzte hat die Deadline für die Abgabe der Präsentation um eine Woche vorverlegt. Das bedeutet für Corinne und Michael, dass sie zeitlich extrem unter Druck geraten und in den nächsten Tagen Überstunden machen müssen, um alles fertigstellen zu können. Michael ist zurzeit gleichzeitig noch mit einem anderen Auftrag beschäftigt, aber Corinne hatte bereits Zeit, sich um das weitere Vorgehen Gedanken zu machen. Da sie viele Aufgaben rund um das Projekt zu erledigen haben und privat auch einige Verpflichtungen anstehen, muss genau geplant werden, wann sie beide Zeit für diesen kurzfristigen Mehraufwand finden. Als sie nach dem gemeinsamen Mittagessen in der Kantine beim Espresso zusammensitzen und Michael nebenbei in der Zeitung blättert, spricht Corinne das Thema an.

Corinne: *«Du, ich habe mir mal über die Präsentation Gedanken gemacht.»*
Michael brummt: *«Hm, was denn?» und blättert auf die nächste Seite in der Zeitung.*

Corinne: *«Wir könnten nächste Woche nach unserem Teammeeting, welches ja sicher nicht länger als bis 17 Uhr geht, noch was an der Präsentation machen.»*
Michael: *«Meinst du, der Chef fasst sich dieses Mal kurz?»*
Beide lachen.
Corinne: *«Na, ich meine nur, wir sind ja dann beide im Haus. Man könnte die Zeit gleich nutzen.»*
Michael *gibt, weiterhin in die Zeitung vertieft, einen zustimmenden Laut von sich und* **Corinne** *fährt fort, über die Deadline zu sprechen und fragt dann: «Das wäre doch ein guter Plan, oder?»*
Michael *trinkt den Rest des Espressos aus, klappt die Zeitung zu und steht auf: «Ja, warum nicht.»*

In der nächsten Woche nach dem Teammeeting kommt **Corinne** *auf Michael zu und sagt schmunzelnd: «Jetzt hat der Chef sich tatsächlich kurz gefasst. Da haben wir aber jetzt genug Zeit, die Präsentation für Birgit heute noch fertigzustellen.»*
Michael schaut sie überrascht an: *«Heute? Aber ich habe doch dienstags immer Fussballtraining, das weisst du doch.»*
Entsetzt sagt Corinne: *«Aber wir haben das doch letzte Woche so abgemacht.»*
Michael *daraufhin: «Ich dachte, das ist nur so eine Idee von dir und wir sprechen noch darüber.» Verärgert nimmt Corinne ihre Tasche und geht. Michael schaut ihr verwundert nach.*

Analyse

Beide arbeiten schon lange zusammen. Die symmetrische Beziehung in der Kommunikation als Kollege und Kollegin führt dazu, dass sie beiläufig auch wichtige Fragen wie die Terminfindung für die Präsentation informell am Mittagstisch diskutieren. Trotzdem hat aus

Michaels Sicht der informelle Rahmen nicht das Gewicht, wichtige Entscheidungen wie die Fertigstellung der Präsentation zu treffen.

Michael liest die Zeitung und gibt nonverbal damit zu verstehen, dass er die volle Aufmerksamkeit nicht dem Gespräch widmet, sondern nur halb bei der Sache ist. Auch im Verlauf des Gesprächs zeigt er mit dem Umblättern der Seiten, dass er sich mit dem Inhalt in der Zeitung und nur nebenbei mit dem Gespräch auseinandersetzt, auch wenn sein Scherz «Meinst du, der Chef fasst sich dieses Mal kurz?» sowie sein Lachen darauf hindeuten, dass er dem Gespräch folgt. Gleichzeitig zeigt der Scherz, dass er den Inhalt des Gesprächs (Terminfindung für Präsentation) nicht wirklich ernst nimmt und nicht als definitive Absprache zwischen ihm und Corinne betrachtet.

Das Missverständnis ergibt sich, weil Corinne ein berufliches Thema, welches grundsätzlich in einem formellen Rahmen geregelt wird, in einer informellen Situation mit einer indirekten Botschaft zu klären versucht. Corinne sagt beim Mittagessen, während Michael die Zeitung liest: «Wir könnten nächste Woche nach unserem Teammeeting, welches ja sicher nicht länger als bis 17 Uhr geht, noch was an der Präsentation machen.» Sie formuliert eine Möglichkeit auf der Sachebene («was man tun könnte»), von ihr ist aber ein Appell im Sinne eines verbindlichen Vorschlags gemeint. Aus ihrer Sicht stimmt er diesem Vorschlag zu, als er den Scherz macht: «Meinst du, der Chef fasst sich dieses Mal kurz?». Der Satz «Man könnte die Zeit gleich nutzen» ist für sie ebenfalls kein Vorschlag, sondern hat aus ihrer Sicht Appellcharakter und bedeutet «Lass uns die Zeit nutzen». Michael versteht die Aussage als eine mögliche Idee und gibt ihr das mit dem «zustimmenden Laut» zu verstehen.

In der Summe reden die beiden aneinander vorbei, wobei beide ihren Anteil zur misslungenen Kommunikation beitragen. Michael hört nicht genau hin und ist deshalb wenig empfänglich für die indirekte Kommunikation von Corinne. Entsprechend hätte sie in dieser Situation direkter kommunizieren müssen, z. B. mit einer konkreten Frage: «Hast du nach der Präsentation des Chefs Zeit, gemeinsam an der Präsentation zu arbeiten?» Gleichzeitig hätte Michael verstehen müssen, dass es sich um ein für beide wichtiges Problem handelt, welches seine Aufmerksamkeit erfordert.

Take Home Message

Die wenigsten von uns kommunizieren immer direkt. So verpacken wir einen Appell höflich, wodurch dieser indirekt und somit eventuell nicht verstanden wird. Beispiele: «Es wäre schön, wenn du auch mal aufräumst.»; «Du könntest dich auch mal um den Wocheneinkauf kümmern»; «Wenn der Auftrag morgen Abend erledigt ist, hätten wir noch Luft für die Vorbereitung der Präsentation». Mit solchen indirekten Formulierungen, die eigentlich als Appell gedacht sind, möchte man den anderen nicht überfallen oder vor vollendete Tatsache stellen. Indirektes Kommunizieren kann durchaus wirkungsvoll sein und wirkt höflich, aber es ist zugleich heikel – in informellen wie formellen Gesprächssituationen. Wer einen indirekten Kommunikationsstil pflegt, sollte sich bewusst sein, dass die Botschaften nicht selten auf der «falschen» Ebene ankommen. Sind die Botschaften, die das Gegenüber sendet, auf der nonverbalen Ebene unklar, ist noch grössere Vorsicht vor Missverständnissen zu wahren. Soll etwas beim Empfänger unmissverständlich ankommen, heisst es: direkt kommunizieren.

Case 3: Die E-Mail-Anfrage

Auftrag

Im nachfolgenden E-Mail-Verkehr zwischen zwei Mitarbeitenden kommt es zu einem Missverständnis. Wie lässt sich die Kommunikation aus der Perspektive der vier Ebenen beurteilen?

Andreas möchte gern aufgrund einer Terminkollision seinen Bereitschaftsdienst mit der Kollegin Mia tauschen. Er ist neu im Team und sehr darauf bedacht, keine Fehler zu machen und das Beziehungsverhältnis zu seinen Kolleginnen und Kollegen nicht zu strapazieren. Anstatt Mia kurz mündlich zu kontaktieren und weil er die Gepflogenheiten in der Firma noch nicht kennt, verfasst er eine E-Mail an sie. Darin schildert er seine Situation und fragt sie höflich an, ob ein Abtausch für sie möglich wäre. Er ist unsicher, wie eine solche Anfrage bei Mia ankommt und ob das überhaupt im Team üblich ist, nach einem Abtausch zu fragen. Dennoch hat er die E-Mail heute abgeschickt.

Mia ist als äusserst kommunikativ und vor allem auch als hilfsbereit bekannt und daher hofft er auf ihr Einverständnis, zumal der Abtausch für sie keinen Nachteil bedeuten würde. Kurz darauf erhält er eine Antwort mit folgendem Wortlaut: «Tja, dafür bin ich dann wieder mal gut. Kein Problem, Andreas, wir können natürlich abtauschen. Gruss, Mia.»

Andreas ist völlig irritiert und schreibt daraufhin eine lange Entschuldigungs-E-Mail; das wiederum verwundert Mia. Denn für sie war es selbstverständlich, abzutauschen. Da sie schon öfters mit ihrer Art zu kommunizieren bei anderen, die sie noch nicht so gut kennen, angeeckt ist, fragt sie sich, ob der Satz «Tja, dafür bin ich wieder mal gut» von ihm falsch verstanden wurde. Für sie war der Satz als Scherz gemeint. Vielleicht hätte sie hinter den Satz ein Smiley setzen sollen.

Analyse

In dieser Situation kommunizieren zwei Personen miteinander, die sich noch nicht sehr lange kennen. Andreas möchte mit seiner Kollegin den Bereitschaftsdienst tauschen. Er kennt die Gepflogenheiten nicht und weiss zudem nicht, wie sein Anliegen bei seiner Kollegin ankommt. Zwar signalisiert Mia in ihrer Antwort, dass der Abtausch für sie in Ordnung ist, aber der Satz «Tja, dafür bin ich wieder mal gut.» verunsichert Andreas. In Bezug auf die vier Ebenen hat er die Botschaft offensichtlich auf der Beziehungsebene wahrgenommen, nämlich als Vorwurf, z. B. im Sinne von «Du denkst offenbar, ich bin hier das Mädchen für alles». Mia als Senderin der Botschaft hatte aber nicht beabsichtigt, Andreas anzugreifen, und ist deshalb irritiert, als er eine lange Entschuldigungs-E-Mail schreibt. Für sie war es lediglich ein kleiner Scherz. Vermutlich wollte sie zum Ausdruck bringen, dass sie gern hilft, wo sie kann und auch in seinem Fall natürlich Hand bietet.

Mia war sich nicht bewusst, dass ihre Botschaft («Tja, dafür bin ich wieder einmal gut.») bei Andreas missverständlich ankommen könnte. Andreas, der Mia noch nicht so gut kennt, geht jedoch davon aus, dass er mit seiner Frage nach Abtausch zu weit gegangen ist. Er hat den Eindruck, dass sich Mia überrollt fühlt. Die Irritation lässt sich also mit den vier Ebenen erklären (Vorwurf auf der Beziehungsebene), weil die humorvolle Äusserung als solche nicht verstanden wurde.

Take Home Message

Wir neigen in der heutigen Zeit dazu, vieles per Mail regeln zu wollen. Schriftliche Kommunikation, im konkreten Fall E-Mail-Kommunikation, kann jedoch anfällig für Missverständnisse sein, insbesondere dann, wenn man die Unternehmenskultur oder die Person, die man anschreibt, nicht oder nur schlecht kennt. Kombiniert mit humorvollen Bemerkungen ist ein Missverständnis oder gar ein Konflikt vorprogrammiert. Para- und nonverbale Elemente, die zur Verständnissicherung (Tonfall, Augenzwinkern etc.) beitragen könnten, sind in der schriftlichen Kommunikation nur begrenzt einsetzbar. In Summe lässt sich festhalten, dass die schriftliche Kommunikation zum Problem werden kann, wenn folgende Kombination vorliegt:

a) man sich nicht so gut kennt und damit die Persönlichkeit des Gegenübers noch nicht einschätzen kann und

b) man gleichzeitig humorvoll, ironisch, doppeldeutig oder indirekt kommuniziert.

Bezogen auf diesen Case: Sinnvoll wäre es gewesen, Andreas hätte Mia mündlich angefragt und danach hätten beide den Abtausch per Mail schriftlich bestätigen können.

Case 4: Die Beschwerde

Auftrag

Achten Sie beim Lesen auf die unterschiedlichen Reaktionen der Mitarbeitenden. Wie verstehen sie die Botschaft des Chefs in Bezug auf die vier Ebenen?

Die Firma Clean-fix reinigt seit einigen Jahren die Büroliegenschaft einer Anwaltskanzlei. Bisher gab es kein negatives Feedback zur Reinigung. Gestern jedoch hat der Firmenchef von Clean-fix, Raul Ferreira, eine Mail vom verärgerten Büroleiter der Anwaltskanzlei erhalten. Er hat sich beschwert, dass in den letzten Wochen die Qualität der Reinigung massiv nachgelassen habe.

Raul Ferreira bittet nach Schichtende die vier Mitarbeitenden zu einem kurzen Meeting, um die Gründe für die Kritik der Anwaltskanzlei zu besprechen.

Raul Ferreira: *«Ich habe gestern eine Beschwerde erhalten. Angeblich hat die Qualität unserer Arbeit in den letzten Wochen spürbar abgenommen. Gerne würde ich mit euch herausfinden, was die Gründe sein könnten. Ich habe euch die Beschwerde des Büroleiters heute Morgen weitergeleitet. Vermutlich habt ihr sie bereits gelesen.»*

Darauf folgt ein reger Gesprächsaustausch unten den Mitarbeitenden.

Ronny Rüger: *«Was soll der Blödsinn? Von diesem arroganten Schnösel kommt doch sowieso nie was Brauchbares. Der will sich doch nur aufspielen.»*

Raul Ferreira: *«Stopp mal, Ronny. So kommen wir da nicht weiter.»*

Lena Huber: *«Was kritisiert er eigentlich genau? Das ist mir nicht klar.»*

Sandro Schneider: *«Irgendwie waren die da im Büro in letzter Zeit komisch zu uns. Ich habe doch geahnt, dass da was im Busch ist. Oh Mann, wir werden den Auftrag verlieren.»*

Boris Lukic: *«Lasst uns wieder das alte Reinigungsmittel nehmen. Wir arbeiten seit zwei Monaten mit dem neuen Zeug. Für mich hängt das klar damit zusammen.»*

Raul Ferreira: *«Also, jetzt mal langsam. Schauen wir uns erst mal im Detail an, was der Büroleiter überhaupt genau kritisiert hat.»*

Analyse

Je nach Persönlichkeitstyp und Situation werden Botschaften unterschiedlich verstanden und interpretiert. Im vorliegenden Case haben die Mitarbeitenden der Reinigungsfirma die Beschwerde des Büroleiters unterschiedlich verstanden. Die Reaktionen der Mitarbeitenden zeigen die vier möglichen Ebenen:

Ronny Rüger: Er versteht die Beschwerde des Büroleiters lediglich als Äusserung auf der Selbstoffenbarungsebene, nämlich dass der Büroleiter etwas von sich preisgibt. Konkret kommt aus seiner Sicht die Persönlichkeit des Büroleiters zum Ausdruck, nämlich dass er ein «arroganter Schnösel» ist und von ihm nichts Wichtiges kommt. Für ihn kommt es folglich nicht in Betracht, dass die Leistung mangelhaft sein könnte und es Handlungsbedarf gibt.

Lena Huber: Sie möchte Aufklärung in Bezug auf den genauen Sachverhalt der Beschwerde. Folglich reagiert sie auf der Sachinhaltsebene.

Sandro Schneider: Ähnlich wie für Ronny geht es ihm nicht um die Sache selbst. Für ihn ist die Beschwerde primär eine Botschaft auf der Beziehungsebene. Er bezieht die Beschwerde also auf sich bzw. das Reinigungsteam und den Auftraggeber. Für ihn ist die Botschaft ein Zeichen dafür, dass die Zusammenarbeit gefährdet ist, weil die Beziehung zwischen Auftraggeber und Reinigungsteam seiner Meinung nach in der letzten Zeit gelitten hat.

Boris Lukic: Für ihn ist klar, dass sich aus der Beschwerde sofort eine Massnahme ableiten muss. Konkret: zurück zum bewährten Reinigungsmittel. Er versteht die Beschwerde also als Appell.

Raul Ferreira möchte nun aber zuerst den Sachverhalt präzisieren und keine vorschnellen Schlüsse ziehen.

Take Home Message

Botschaften werden individuell verstanden (siehe Kap. 2.4.1). Grundsätzlich gilt: Es gibt hier kein Richtig oder Falsch. Es ist klar, dass man häufig zuerst spontan und ungefiltert reagiert. Danach ist es aber wichtig, dass man sich bewusst macht, auf welcher Ebene der Sender die Botschaft senden wollte. Zugleich muss sich der Sender bewusst sein, dass unterschiedliche Reaktionen und Interpretationen möglich sind. Je nach Charakter, Tagesform, Thema etc. variiert die Deutung der Botschaft. Bezogen auf den Case: Bei mehreren Empfängern sollte der Sender die ersten Spontanreaktionen abfangen und anschliessend die Kommunikation kanalisieren, und zwar so, wie es Raul Ferreira am Ende des Cases gemacht hat.

Case 5: Die Perfektionistin

Auftrag

Clara Müller und ihre Vorgesetzte treffen sich zu einer Besprechung. Beobachten Sie, wie der formelle Rahmen die Kommunikation zwischen Clara Müller und ihrer Vorgesetzten beeinflusst. Versuchen Sie zudem nachzuvollziehen, wie Claras Rollenerwartung zu ihrem emotionalen «Zusammenbruch» führt.

Clara Müller hat vor zwei Monaten ein Praktikum gestartet. Sie ist nach ihrem Studium der Betriebsökonomie als Trainee bei einer Versicherung tätig. Clara hat ihr Studium mit Bestnoten abgeschlossen. Sie ist ehrgeizig und extrem pflichtbewusst. Eine ihrer Aufgaben als Trainee besteht darin, allgemeine Kundenanfragen zu beantworten bzw. an die zuständigen Personen weiterzuleiten. Sie hat dafür ein digitales System mit Unterordnern ausgeklügelt, um die Anfragen effizient bearbeiten zu können. Leider ist ihr eine Anfrage untergegangen. Der Kunde hat sich massiv beschwert und sich sogar an die Teamleiterin Roswitha Leuenberger gewandt. Roswitha Leuenberger beobachtet schon seit einiger Zeit, dass sich Clara Müller mit ihrer teilweise akribischen Arbeitsweise oft selbst im Weg steht. Sie wirkt häufig gestresst und angespannt. Die Beschwerde des Kunden will sie nun zum Anlass nehmen, um einmal in Ruhe mit Clara Müller zu sprechen. Sie lädt Clara für den kommenden Montag zu einem Gespräch in ihr Büro ein. Clara ist schon das ganze Wochenende sehr aufgeregt. Sie ahnt, dass die Chefin mit ihr über diesen Fehler sprechen will. Sie hat sich selbst schon viele Vorwürfe gemacht, dass ihr das passiert ist. Zudem empfindet sie es als sehr unangenehm, von ihrer Chefin nun offensichtlich eine Rüge erteilt zu bekommen, obwohl sie sich im Klaren ist, dass das zu Recht geschieht. Sie ist immer so bemüht, keine Fehler zu machen, dass sie sich diesen Fauxpas nicht verzeihen kann. Am Montag im Gespräch mit ihrer Chefin ist sie dann so aufgelöst und den Tränen nahe, dass es Roswitha Leuenberger nicht gelingt, zum eigentlichen Punkt zu kommen.

Roswitha Leuenberger: *«Frau Müller, mir geht es nicht in erster Linie um die unbeantwortete Kundenanfrage. Das kann durchaus mal passieren. Ich möchte gern mit Ihnen grundsätzlich über Ihre Arbeitsweise sprechen. Ich schätze Ihre Genauigkeit und Ihr Pflichtbewusstsein sehr. Aber vielleicht können wir beide überlegen, wie wir Ihre Tätigkeiten organisieren können, damit Sie sich weniger gestresst fühlen.»*
Clara Müller: *«Das hätte mir nicht passieren dürfen. Ich habe doch alles so genau mit meinem Ordnungssystem für die Weiterleitung der Anfragen organisiert. Ich kann mir einfach nicht erklären, wie mir das passieren konnte.» Ihre Stimme versagt zunehmend und ihr kommen die Tränen. «Ich könnte verstehen, wenn Sie meinen Vertrag nun vorzeitig beenden möchten.»*
Roswitha Leuenberger: *«Aber Frau Müller, davon ist doch überhaupt nicht die Rede. Ich sagte doch, dass ich Ihre Arbeit sehr schätze.»*

Das Gespräch nimmt noch einen Moment seinen Lauf, ohne dass es Roswitha Leuenberger gelingt, Clara zu beruhigen und mit ihr über das eigentliche Problem – nämlich ihre zu hohe Anspruchshaltung – zu sprechen. Sie entscheidet sich, die Unterhaltung abzubrechen, damit sich Clara wieder beruhigt. «Frau Müller, belassen wir es dabei. Den Kunden konnte ich wieder beruhigen und jetzt gehen wir wieder an das Tagesgeschäft.»

Clara verlässt erleichtert das Büro, aber ein ungutes Gefühl bleibt dennoch. Wird die Chefin ihr dennoch kündigen? Für Roswitha Leuenberger ist deutlich geworden, dass sie so nicht an ihre Praktikantin herankommt. Offensichtlich verstärkt der formale Rahmen des Gesprächs die Angespanntheit von Clara noch zusätzlich.

Ein paar Tage später hat ein Kollege zu einem Geburtstagskaffee mit Kuchen im Pausenraum eingeladen. Einige Kolleginnen und Kollegen sind zusammengekommen, unter anderem auch Clara Müller und Roswitha Leuenberger. Es wird der selbstgebackene Kuchen gelobt und über das Alter des Kollegen gescherzt. Die Stimmung ist entspannt. Alle freuen sich über die kleine Abwechslung bei Kaffee und Kuchen. Nach einiger Zeit verabschieden sich die Kolleginnen und Kollegen langsam und gehen wieder an ihren Arbeitsplatz. Der Kollege, der Geburtstag hat, ist damit beschäftigt, das Geschirr wieder in die Mensa zu bringen. Roswitha und Clara sind fast die letzten im Raum.

Roswitha Leuenberger: *«Frau Müller, hätten Sie noch einen kurzen Moment Zeit für mich?»*
Clara *nickt.*
Roswitha Leuenberger: *«Wie ich sehe, haben Sie sich schon sehr gut im Team eingelebt. Das freut mich zu sehen.»*
Clara Müller: *«Ja, ich fühle mich sehr wohl und ich arbeite gern mit allen zusammen.»*
Roswitha Leuenberger: *«Haben Sie sich denn unterdessen nach unserem Gespräch wieder etwas beruhigen können?»*
Clara wird leicht rot. *«Ja und es tut mir leid, dass meine Emotionen so mit mir durchgegangen sind.»*

Roswitha Leuenberger: *«Das ist schon gut und ich kann das auch verstehen. Wer macht schon gern Fehler? Ich schätze es besonders an Ihnen, dass Sie sich so verantwortlich fühlen. Aber ich denke, manchmal könnten Sie das Leben auch etwas leichter nehmen.» Sie lächelt und zwinkert Clara zu.*
Clara Müller: *«Wie meinen Sie das genau?»*
Roswitha Leuenberger: *«Sie machen sich manchmal einfach zu viele Gedanken und planen die Dinge zu detailliert, sodass es der Sache hin und wieder nicht dienlich ist. Das versetzt Sie in Stress.»*

Roswitha Leuenberger erläutert Clara ihre Beobachtungen. Clara ist fast erleichtert, weil sie froh ist, dass jemand ihr Problem erkannt hat. Sie hat das auch schon oft an sich bemerkt, hatte aber bisher angenommen, dass das so in Ordnung ist und zu einer gewissenhaften Arbeitsweise dazugehört.

Roswitha Leuenberger: *«Was halten Sie davon, wenn wir beide uns in den nächsten Tagen mal zwei Stunden Zeit nehmen und ich mir mit Ihnen Ihre verschiedenen Tätigkeiten ansehe und wir dann gemeinsam überlegen, wo es wie viel Detail benötigt und welche Arbeitsschritte man vereinfachen könnte. Was meinen Sie dazu?»*
Clara strahlt: *«Gern. Ich weiss es sehr zu schätzen, dass Sie sich für mich die Zeit nehmen.»*

Roswitha Leuenberger hat sich am Ende der Trainee-Zeit entschieden, Clara eine Festanstellung anzubieten. Clara ist dabei, ihren Weg zu finden.

Analyse

Clara hat sehr hohe Erwartungen an ihre eigene Rolle als Trainee. In ihrem Rollenverständnis darf es keine Fehler geben, wobei sie davon ausgeht, dass ihre Vorgesetzte die Erwartungen an die Trainee-Rolle gleich oder ähnlich interpretiert wie sie. Sie identifiziert sich sehr mit ihrer inferioren Position in dieser komplementären Beziehung. Aus diesem Grund fällt es ihr schwer, die offene und transparente Kommunikation ihrer Chefin, die sich in der superioren Position befindet, zu akzeptieren und ihr zu vertrauen, dass sie es gut mit ihr meint. Für Clara ist die Hierarchie (komplementäre Beziehung) und die damit verknüpften Erwartungen der Grund für ihre Verunsicherung und ihre emotionale Reaktion. Im Kontext der formellen Kommunikationssituation kommt es letztlich zum emotionalen Zusammenbruch, der trotz guten Zuredens von Frau Leuenberger nicht verhindert werden kann.

Beim nachfolgenden informellen zweiten Gespräch fällt es Clara leichter, einen objektiven Blick auf die Situation zu werfen, vor allem deshalb, weil das Rollenverhältnis in den Hintergrund rückt. Da das Gespräch spontan zustande kommt, hat sie auch nicht die Möglichkeit, sich innerlich darauf vorzubereiten und emotional womöglich hochzuschaukeln. Deshalb geht sie mit dem Gesprächsangebot ihrer Chefin unvoreingenommener und entspannter um. Diese lockere Atmosphäre führt dazu, dass sie sich öffnen kann. Sie ist froh darüber, dass ihre Chefin sich für sie ernsthaft interessiert und ihre Probleme erkennt, ohne dass dies personelle Konsequenzen hat (Angst vor Kündigung).

Take Home Message

Der Rahmen – unabhängig, ob formell oder informell – beeinflusst wesentlich die Gesprächsführung, die Gesprächsatmosphäre und letzlich auch den Gesprächserfolg. Im beruflichen Kontext ist der Rahmen häufig vorgegeben. Mithilfe leichter Anpassungen (z. B. Sitzanordnung, Getränke, Wahl des Raumes im Hinblick auf Grösse, Ausstattung, Atmosphäre etc.) kann man das Gespräch etwas lenken und gestalten. Vor allem bei emotionalen Themen/Konstellationen sollte der Rahmen sehr bewusst gewählt und gestaltet werden. Fragen Sie sich immer, was das Ziel des Gesprächs ist. Geht es um den sachlichen Austausch oder muss, wie im vorliegenden Fall, erst einmal eine Basis des Vertrauens geschaffen werden?

Machen Sie sich bewusst, dass die Rollen und Rollenerwartungen das Gespräch beeinflussen. Gestalten Sie daher, wenn möglich, den Gesprächsrahmen, mit dem Ziel, einen Erfolg versprechenden Gesprächsverlauf zu ermöglichen.

Case 6: Erwartungen

Auftrag

Selina ist als Projektleiterin für die Vermarktung eines neuen Produkts ihres Unternehmens verantwortlich. Beobachten Sie im Dialog den Aspekt der Rollenerwartung.

Selina ist Projektleiterin für die Vermarktung eines innovativen und nachhaltigen Produkts. Ein Projektmitglied ist unter anderem Sandro, mit dem sie bisher noch nicht zusammengearbeitet hat. Sie weiss von ihm, dass er sich privat für Umweltanliegen einsetzt. So hat er beispielsweise bei einer geplanten Massnahme zum Bau einer Umgehungsstrasse einen sehr aktiven Part in der Ortsgruppe seines Wohnquartiers übernommen. Er hat sich auf einer Versammlung der Anwohnerschaft mit einer Aufforderung zur Reduktion der Lärmbelästigung viel Aufmerksamkeit verschafft, wovon auch Selina erfahren hat.

Die Projektgruppe trifft sich zu einem ersten gemeinsamen Meeting. Selina ist nun gespannt auf die Zusammenarbeit mit ihm bei diesem für die Firma brisanten Thema. Einerseits ist das Unternehmen auf jeden Fall auf den Ruf eines nachhaltigen und umweltschonend produzierenden Unternehmens angewiesen, anderseits ist der Kostendruck für die geplante Produktion des Produkts nicht zu unterschätzen. Zudem kämpft das Unternehmen mit starken Mitbewerbern am Markt um einen eher kleinen Kundenkreis. Ziel ist, das neue Produkt mit einer geeigneten Marketingstrategie für die Kundschaft ins rechte Licht zu rücken.

Von einigen Projektmitgliedern sind erste Wortmeldungen mit Anregungen und Ideen zum geplanten Projekt erfolgt. Sandro hat sich bisher noch nicht geäussert.

Selina spricht ihn daher direkt an: *«Sandro, du hast noch gar nichts gesagt. Ich vermute, dass du uns vor allem beim Herausarbeiten der Highlights des neuen Produkts helfen kannst.» Mit einem Augenzwinkern fügt sie hinzu: «Für dich ist ja sozusagen das neue Produkt ein Sieg für die Umwelt auf ganzer Linie.»*

Sandro schaut sie ernst an: *«Also, mal ehrlich. Was denkst du von mir? Glaubst du, dass ich alle Nachteile, die die Umstellung auf das neue Produkt zur Folge haben, ausblende? Natürlich setze ich mich für die Umwelt ein. Mein Einsatz ist aber nicht einfach blind pro grün. Seit Tagen beschäftigt mich, dass für dieses Produkt eine neue Produktionsschiene nötig ist, bei der ältere Mitarbeitende umgeschult oder sogar entlassen werden müssen. Grün ist für mich nicht nur Umwelt, sondern die Summe der Faktoren. Mich hier als naiven Idioten hinzustellen, der einfach mal zu jedem grünen Thema Ja sagt, geht gar nicht.» Sandro hat sich in Rage geredet. Ein betretenes Schweigen entsteht im Raum.*

Selina ist verunsichert: *«Entschuldige bitte, aber ich wollte dir doch nicht einfach etwas unterstellen. Ich dachte nur ...» Sie bricht den Satz ab und sagt dann: «Lasst uns eine kurze Pause machen.»*

Analyse

Zwar hat Selina bisher noch nicht mit Sandro gearbeitet und kennt ihn auch nicht persönlich, dennoch hat sie davon erfahren, dass sich Sandro privat für Themen rund um den Umweltschutz einsetzt. Selinas Erwartungshaltung in Bezug auf die Zusammenarbeit mit ihm in der Projektgruppe ist an diese Information gekoppelt, nämlich dass Sandro auch in seiner Rolle als Mitarbeiter und Projektmitglied uneingeschränkt nur Vorteile für die umweltschonende Produktionslinie sehen wird. Diese Annahme verärgert Sandro. Er erwartet von ihr als Projektleiterin, dass sie ihm nicht mit Vorurteilen begegnet. Er fühlt sich aufgrund des Transfers seiner privaten politischen Rolle als Vermittler «grüner» Anliegen auf den beruflichen Kontext nicht ernst genommen und ist wütend.

Dass er so harsch und emotional reagiert, könnte man als übertrieben bezeichnen. Vermutlich lässt sich das aber mit seiner Zerrissenheit begründen (Schutz der Umwelt vs. Druck/Gefahren für die Mitarbeitenden). Er befindet sich in einem Konflikt. Die unterschiedlichen Erwartungen an sich selbst in seiner Rolle strapazieren ihn. Zudem scheint er nicht nachvollziehen zu können, dass es durchaus menschlich und normal ist, dass Mitmenschen Verhaltensweisen und Einstellungen, die man in einem Lebensbereich bzw. in einer Rolle zeigt, auf einen anderen Bereich bzw. eine andere Rolle übertragen. Im konkreten Fall also anzunehmen, dass, wenn er in privaten Belangen eine extrem «grüne» Haltung vertritt, dies automatisch bei der Arbeit auch zutreffen muss. Wir alle haben stereotype Vorstellungen und lassen diese in die Gesprächsführung einfliessen – ob wir wollen oder nicht. Wir machen uns ein Bild unseres Gegenübers, sei es z. B. aufgrund von Informationen, die wir im Vorfeld über die Person erhalten haben (wie im Case), oder aufgrund der Erscheinung (non- und paraverbale Ebene). Selinas Äusserungen «Ich vermute, dass du uns vor allem beim Herausarbeiten der Highlights des neuen Produkts helfen kannst.» und «Für dich ist ja sozusagen das neue Produkt ein Sieg für die Umwelt auf ganzer Linie.» sind vor diesem Hintergrund nachvollziehbar.

Die Fehlannahme entsteht also aufgrund der jeweiligen Rollenerwartungen. Es bleibt fraglich, ob das hätte vermieden werden können. Sehr sinnvoll ist in diesem Zusammenhang die kurze Pause, die sie vorschlägt, damit man die Emotionen unter Kontrolle und gleichzeitig die Arbeitssituation wieder in Balance bringen kann. Im zweiten Teil des Meetings kann der Gesprächsfaden wieder sachlich aufgenommen werden.

Take Home Message

Wir haben täglich mit Vorurteilen zu tun, sei es, dass wir selbst uns bereits ein Urteil über eine andere Person erlauben, ohne sie zu kennen, oder dass uns gegenüber jemand Vorurteile fällt. Man macht sich oft automatisch Gedanken darüber, wie jemand in einer bestimmten Situation reagieren wird. Wir übertragen dabei auch Rollenerwartungen auf andere Situationen und gehen davon aus, dass jemand, der z. B. als Vorgesetzter streng ist, auch in seiner Vaterrolle streng sein wird. So bilden sich Stereotype, denen wir uns stets bewusst sein sollten. Somit schaffen wir eine gute Voraussetzung, potenzielle Konflikte oder Missverständnisse zu vermeiden. Im Idealfall gelingt es uns, Personen beim Kennenlernen in ihren jeweiligen Rollen so unvoreingenommen wie möglich zu begegnen.

Case 7: Die Wut-Mail

Auftrag

Dario Kaufmann schreibt eine E-Mail an die HR-Consultant Nadja Schumacher. Überlegen Sie sich beim Lesen des Cases, ob der Kanal «E-Mail» geschickt gewählt ist.

Dario Kaufmann arbeitet zurzeit im Homeoffice. Heute war er den ganzen Tag mehrfach mit privaten Angelegenheiten abgelenkt. Er hatte zwischen beruflichen Projekten und privaten Unterbrechungen nur zwischendurch Zeit, seine Mails zu lesen. Unter anderem ist eine Mail von der Personalabteilung zur neuen Zeiterfassung gekommen. Das geplante Vorgehen hat er kurz überflogen und sich massiv geärgert, weil es seiner Meinung nach eine Verschlechterung gegenüber dem bisherigen Prozess darstellt und zudem die Mitarbeitenden damit offenbar mehr kontrolliert werden sollen. Leicht übermüdet sitzt er nun um 22 Uhr vor seinem PC, um sich endlich mit der Beantwortung der eingegangenen Mails zu beschäftigen. Genervt vom Lärm der Nachbarn, die eine Party feiern, schliesst er das Fenster.

Folgende Mail verschickt er an Nadja Schumacher, die die Mail zur Zeiterfassung versendet hat:

Sehr geehrte Frau Schumacher,
ich bin sprachlos. Wer ist nur auf diese Idee gekommen, eine Überwachung der Mitarbeitenden einzuführen? Das ist nicht zielführend und steigert auf keinen Fall die Motivation oder Produktivität. Ich bitte um Stellungnahme!
Freundliche Grüsse
D. Kaufmann

Am nächsten Morgen schaut er in seine Inbox. Ihm ist durchaus bewusst, dass er vermutlich etwas über das Ziel hinausgeschossen ist. Auch während des Tages wartet er auf eine Reaktion, die bis auf Weiteres ausbleibt.

Analyse

Frau Schumacher und Herr Kaufmann befinden sich in einem professionellen Arbeitsverhältnis und sind auf eine gute Zusammenarbeit angewiesen. Der Kanal «E-Mail» ist für die Beschwerde und Kritik in der vorliegenden Situation problematisch. Wird der Inhalt zusätzlich emotional – «ich bin sprachlos» oder mit dem indirekten Vorwurf «Wer ist nur auf diese Idee gekommen, eine Überwachung der Mitarbeitenden einzuführen?» bis hin zum Ausrufezeichen am Schluss –, kann die Mail schnell den Eindruck der Botschaft verschlimmern bzw. dramatisieren. Eine Kommunikation per E-Mail hat die Funktion, einen Sachverhalt kurz und pointiert zu erläutern. Sie ist folglich weniger dazu geeignet, schwierige und/oder komplexe Inhalte darzustellen oder womöglich zu diskutieren. Eine E-Mail-Kommunikation kann keine mündliche Kommunikation ersetzen, weil paraverbale Elemente wie die Stimmführung und nonverbale Elemente wie die Mimik fehlen.

Im vorliegenden Fall werden die Äusserungen in der E-Mail zu einem extremen Vorwurf an die Firma bzw. das zuständige HR. Die Gefahr beim Versenden von E-Mails ist, dass sie zu jeder Zeit an den Empfänger geschickt werden können, also auch wie im vorliegenden Fall am späten Abend im Homeoffice. In solchen Situationen können die Rollen (Privatperson vs. Mitarbeiter des Unternehmens) schnell verschwimmen.

Wenn (negative) Emotionen zum Ausdruck gebracht werden sollen, dann eignet sich ein schriftlicher Kanal meist nicht. Negative Emotionen werden selten sachlich geschildert und kommen daher auch selten sachlich beim Empfänger an. Im Unterschied zu freudigen und überschwänglichen Bekundungen ist bei der Vermittlung negativer Empfindungen Vorsicht geboten. Sie haben in der E-Mail also insgesamt einen schweren Stand, besonders deshalb, weil gezeigte Emotionen in der E-Mail noch stärker wirken als in einer Face-to-Face-Situation. Der Stress des Tages plus der Ärger über die neue HR-Massnahme verursachen bei Dario Kaufmann eine gefühlsmässige Überreaktion. Dabei verliert er aus den Augen, ob die Angeschriebene auch wirklich verantwortlich für alles ist (Rolle als HR-Consultant). Die Personalabteilung informiert lediglich über den Sachverhalt. Die Entscheidung wurde aber von der Geschäftsleitung gefällt.

Take Home Message

Wenn man wütend und voller Emotionen schreibt, entblösst man sich selbst. Dessen sollte man sich bewusst sein. Mitunter werden E-Mails aber fälschlicherweise genutzt, um Dampf abzulassen. Das sollte tunlichst vermieden werden, da die Konsequenzen viel gravierender sind als in einem mündlichen Gespräch, denn die Mail liegt im Unterschied zu einer mündlichen Aussage schwarz auf weiss vor. Zudem fehlt die unmittelbare Reaktion des Gegenübers. Wenn Sie also Emotionen transportieren wollen, überlegen Sie sich sehr genau die Wahl des Kommunikationskanals.

Case 8: Die gute Freundin

Überlegen Sie sich, wie Alina und Sophie in den zwei Kommunikationssituationen (beim Tennis und bei Alina zu Hause) jeweils miteinander agieren. Wie erklären Sie sich das ungute Gefühl, das Alina nach dem Beratungstermin beschleicht?

Situation 1: Tennis

Sophie ist Versicherungsberaterin und trifft sich mit einer langjährigen Kundin, mit der sie mittlerweile auch privat verkehrt. Die beiden spielen regelmässig zusammen Tennis.

Beim wöchentlichen Tennismatch **sagt Sophie** *zu ihrer Freundin Alina: «Du, nur so nebenbei: Wir sollten vielleicht mal wieder deine Hausratsversicherung sowie ein paar kleinere Punkte bei der Autoversicherung besprechen. Hast du nächste Woche mal Zeit?»*
Alina: *«Klar, nach dem Match schaue ich gleich in meinen Terminkalender. Aber so, wie es aussieht, sollte einem Termin nichts im Wege stehen.»*

Die beiden vereinbaren für die kommende Woche einen Termin.

Sophie: *«Wenn du einverstanden bist, treffen wir uns nicht bei mir in der Agentur, sondern bei dir zu Hause. Ich bin ohnehin in der Gegend.»*

Situation 2: Bei Alina zu Hause

Sophie *ist bei Alina zu Hause angekommen: «Schön, dass wir uns bei dir treffen können. Wunderbar, dass es geklappt hat. Und wunderbar ist natürlich auch die Sicht bei dir auf den See. Einfach toll hier.»*
Alina: *«Danke, ich habe mich mittlerweile auch echt gut eingelebt. Nimmst du einen Tee?»*
Sophie: *«Gerne. Du, schau mal meine neuste Errungenschaft: meine neuen Sneakers. Diese sind natürlich nicht fürs Büro geeignet, weil sie zu wenig businesslike sind.»*
Alina: *«Sind wirklich sehr schön.»*
Sophie: *«Also, ich habe mal deine Policen studiert. Aus meiner Sicht bist du unterversichert – gerade beim Hausrat müssten wir über die Bücher. Deine Neuanschaffungen wären im Schadensfall unzureichend versichert. Stell dir vor, es bricht ein Feuer aus oder du hast einen Wasserschaden. Hier sollten wir auf der sicheren Seite sein.»*
Alina: *«Da bin ich jetzt echt überrascht. Um ehrlich zu sein, habe ich momentan gar nicht den Nerv, mich mit dem Versicherungskram auseinanderzusetzen. Aber ich bin natürlich dankbar, dass du mir hier weiterhilfst. Wie du siehst, habe ich zwar ein paar Dinge neu angeschafft, aber denkst du nicht, dass die Versicherungssumme ausreichend ist?»*
Sophie: *«Leider nicht – und das sage ich dir nicht nur als Versicherungsvertreterin, sondern auch als Freundin.»*

Alina willigt in eine Erhöhung der Deckung ein. Auch bei anderen Versicherungen hat sie Anpassungen vorgenommen. So hat Alina z. B. die Teilkasko- in eine Vollkaskoversicherung umgewandelt, weil die Differenz läppische, wie Sophie sagt, 200 Franken pro Jahr beträgt. Am Abend jedoch beschleicht

Alina ein ungutes Gefühl: Waren die Anpassungen überhaupt nötig? Warum habe ich so viele Versicherungen nach oben korrigiert? Hat Sophie mich womöglich manipuliert? Alina denkt auf einmal anders über ihre Freundin und wird das Tennistraining nächsten Mittwoch absagen. Sie möchte etwas Abstand gewinnen.

Analyse

Sophie nutzt die private Zusammenkunft beim Tennismatch, um ein geschäftliches Ziel – Upgrade oder Verkauf von Versicherungspolicen – zu erreichen. Dabei überrumpelt sie Alina, indem sie ihr einen Termin aufdrängt und sich bei Alina zu Hause einlädt. Die Irritation bei Alina entsteht nicht nur durch das Vermischen der Rollenverhältnisse (Versicherungsmaklerin und Freundin), sondern auch im nonverbalen und verbalen Verhalten von Sophie während des Gesprächs bei Alina zu Hause.

Konkret: Sophie forciert die symmetrische Beziehung, indem sie kleidungstechnisch (Rollenattribut) nicht in der Rolle der Versicherungsvertreterin erscheint, sondern sich bewusst stylisch/trendy kleidet (Sneaker). Sie will damit in dieser Situation nicht als Maklerin wahrgenommen werden, sondern als vertraute Freundin von Alina. Auch auf der verbalen Ebene versucht sie, zusätzliches Vertrauen aufzubauen, indem sie die Sicht auf den See lobend erwähnt (Beziehungsebene). Abrupt wechselt sie dann zum Thema Versicherung und konfrontiert Alina überfallartig mit der angeblichen Tatsache, sie sei unterversichert (Sachebene). Sie verleiht der Notwendigkeit einer Anpassung der Versicherung mit diesem Themenwechsel noch zusätzliche Brisanz.

Als Alina auf der Selbstoffenbarungsebene zu verstehen gibt, dass sie sich momentan nicht mit den Versicherungspolicen auseinandersetzen möchte, ignoriert Sophie diese Aussage und fährt in ihrem Plan fort. Dass sie den Vertrauensbonus aufgrund der privaten Verbindung zu Alina ausnutzt, manifestiert sich nicht nur in den eben genannten Aspekten, sondern auch darin, dass sie am Schluss des Gesprächs explizit hervorhebt, dass ihr nicht nur als Maklerin, sondern auch als Freundin zu vertrauen sei. Es zeigt sich, dass sie das (künstlich) aufgebaute Vertrauen für ihre manipulativen Zwecke nutzt. Ihr scheint es einzig und allein um einen Versicherungsabschluss zu gehen.

Die Analyse zeigt, dass das ungute Gefühl Alinas am Ende des Gesprächs durchaus berechtigt ist.

Take Home Message

Die Beziehungsebene ist Voraussetzung für eine gelungene Interaktion, kann aber auch manipulativ eingesetzt werden und entwickelt sich dann zum Bumerang, wenn das Gegenüber die Manipulation ahnt und/oder durchschaut. Geschäftliche und private Angelegenheiten werden häufig bewusst vermischt, wie z.B. bei Geschäftsabschlüssen beim Golfen oder wenn Aufträge bei einem Abendessen vergeben werden. In solchen Fällen sind sich die Teilnehmenden der Vermischung bewusst. Problematisch wird es dann, wenn eine Seite bzw. eine Partei die Beziehungsebene als strategisches Mittel einsetzt und/oder geschäftliche und private Angelegenheiten miteinander vermischt.

Case 9: Die Vorgesetzte

Auftrag

Überlegen Sie sich beim Lesen, wie Nadine ihre Rolle als Vorgesetzte interpretiert und gestaltet. Warum zweifelt Pascal an Nadine in ihrer Rolle als Führungskraft?

Nadine Wyss arbeitet seit einigen Jahren im Unternehmen. Als die Stelle der Abteilungsleitung ausgeschrieben wurde, hat sie lange überlegt, ob sie sich für diese Position bewerben soll. Fachlich bringt sie eigentlich alles mit, was für diese Aufgabe gefordert wäre. Die inhaltlichen Aufgaben haben sie sehr gereizt. Allerdings war sie sich unsicher, ob sie der Führungsrolle gewachsen ist. Sie arbeitet gern im Team, und wenn alles harmonisch läuft, ist es ihr am liebsten. Aus Erfahrung weiss sie aber, dass es nicht immer harmonisch in einem Team zu- und hergeht und dass man von einer Vorgesetzten erwartet, dass sie auch unangenehme Entscheide trifft oder Konflikte schlichtet. Ihr Chef hatte sie ermuntert, sich auf die ausgeschriebene Position zu bewerben. Das hat sie dann auch getan und die Stelle bekommen.

Dialog 1

Mit ihrem Mitarbeiter Pascal führt sie folgendes Gespräch:

Pascal: *«Nadine, ich möchte dich kurz informieren, dass der neue Prozessablauf noch nicht optimal ist. Je nach Auslastung kommt es immer wieder zu Fehlermeldungen.»*
Nadine, etwas aufgelöst: *«Ich konnte doch nicht wissen, dass das neue System so fehleranfällig sein könnte. Ich habe die Offerte*

des Anbieters wirklich genau studiert. Was habe ich nur übersehen?»

Pascal schaut verwundert: *«Es ist doch nicht deine Schuld, dass es zu den Fehlermeldungen kommt.»*

Nadine: *«Ja, das sagst du so leicht. Man ist als Vorgesetzte immer verantwortlich, wenn etwas schiefgeht.» Sie blickt gedankenverloren vor sich hin.*

Pascal: *«Ich werde die Firma nachher anrufen. Sie übernehmen ja in den ersten sechs Monaten kostenfrei jede Reparatur. Ich werde mit dem zuständigen Techniker prüfen, woran die häufigen Fehlermeldungen liegen könnten.»*

Nadine: *«Danke.»*

Abends lässt Nadine das Gespräch Revue passieren. Sie überlegt sich, wie sie wohl gewirkt hat. Wirkte sie für ihre Position stark und sicher genug?

Dialog 2:

Ein paar Tage später ruft Nadine Pascal an.

Nadine: *«Ich warte noch auf die Arbeitsstundenbuchung für den letzten Monat. Heute ist bereits der zweite und Deadline ist der letzte Tag des Monats.»*

Pascal erstaunt: *«Hm, ich habe dich informiert, dass ich die Buchung aufgrund des Projekts für die Firma ABU-Tech erst am 10. machen kann, damit wir einen besseren Gesamtüberblick über den Projektumfang bekommen. Gemäss HR-Vorgaben haben wir ja einen gewissen Spielraum, gerade wenn es um längerfristige Projekte geht.»*

Nadine in einem dominanten Tonfall: *«Das hast du aber jetzt eigenmächtig entschieden, wie hier vorzugehen ist. Ich muss auch von dir erwarten, dass du dich an meine Vorgaben hältst.»*
Pascal: *«Da bin ich jetzt etwas überrascht. Aber in Ordnung, ich hole die Buchung gleich nach.»*

Pascal ist über Nadines Verhalten verwundert und fragt sich, ob Nadine wirklich für die Rolle als Vorgesetzte geeignet ist.

Analyse

Nadine stellt an sich selbst in ihrer Rolle als Vorgesetzte (superiore Position) in der komplementären Beziehung zu Pascal eine hohe Erwartung. Sie möchte nicht nur als kompetent, fair und führungsstark wahrgenommen werden, sondern sie möchte auch jederzeit fehlerfrei arbeiten. Da sie sich selbst keine Führungsstärke attestiert, schwächen Fehler aus ihrer Sicht unmittelbar ihre Position als Vorgesetzte. Sie hat Angst davor, dass das komplementäre Rollenverhältnis zu symmetrisch wird, weil z. B. Mitarbeitende Fehler von ihr entdecken und sie somit das Gesicht verliert. Demzufolge versucht sie, fehlerfrei zu agieren und mögliche Fehler bereits im Vorfeld zu eliminieren. Dies zeigt sich im ersten Dialog, wenn sie sagt: «Was habe ich nur übersehen?» Als Pascal sie darauf hinweist, dass es nicht ihr Fehler als Vorgesetzte sei, reagiert sie verärgert und fühlt sich in ihrer Rolle als Vorgesetzte angezweifelt. Entsprechend reagiert sie auf der Beziehungsebene: «Ja, das sagst du so leicht. Man ist als Vorgesetzte immer verantwortlich, wenn etwas schiefgeht.»

Im zweiten Dialog wird deutlich, dass sie ihre superiore Position festigen möchte, indem sie auf scheinbar gesuchte Erledigung von Kleinigkeiten besteht. Gemäss Pascal gibt es einen Spielraum, den er seiner Meinung nach sinnvoll genutzt hat. Nadine demonstriert jedoch, dass sie die Entscheidungsbefugnis über den Ermessensspielraum hat, und duldet keinen Widerspruch. Auf Pascal wirkt Nadines Agieren künstlich und unreflektiert. Das eigentliche Ziel von Nadine, nämlich Akzeptanz aufgrund von Durchsetzungskraft und Glaubwürdigkeit zu erreichen, wird verfehlt und schlägt aus Sicht von Pascal ins Gegenteil um. Er zweifelt an ihr in ihrer Rolle als Vorgesetzte.

Take Home Message

In der Praxis vermischen sich die Beziehungskonstellationen je nach Arbeitssituation und Kontext. Gerade in der heutigen Arbeitswelt gilt ein Wechsel zwischen komplementären und symmetrischen Interaktionen als zeitgemäss. Starre Hierarchien haben sich häufig als weniger produktiv herausgestellt. Man erreicht im Team oft mehr, wenn man sich auf Kompetenzen und auf eine sinnvolle Arbeitsverteilung konzentriert. Eine zu starre Rolleninterpretation kann sich mitunter kontraproduktiv auswirken.

Vor diesem Hintergrund ist es wichtig, sich in der Vorgesetztenrolle der eigenen Stärken und Schwächen bewusst zu sein. Diese reflektierte Einschätzung der eigenen Rolle ist Voraussetzung dafür, authentisch und somit glaubwürdig zu agieren. Wer sich lediglich an den vorgegebenen Mustern und Vorgaben zu orientieren versucht, wird letztlich scheitern.

Case 10: Das Meeting

Auftrag

Jovan und Felix sind in einem Meeting, bei dem es zwischen den beiden zu einem Vorfall kommt. Wie deutet Felix das Verhalten von Jovan? Welche weiteren Deutungsmöglichkeiten gibt es für das Verhalten von Jovan?

Der Beratungsfirma WatchID steht aufgrund einer stagnierenden Auftragslage ein grösserer Stellenabbau bevor, was unter den Mitarbeitenden Ängste und Sorgen auslöst. Beim heutigen Meeting geht es darum, ein überzeugendes Konzept für einen potenziellen Neukunden zu entwerfen. Unter anderem nehmen an diesem Meeting der langjährige und durchsetzungsstarke Mitarbeiter Felix teil sowie Jovan, der erst kürzlich zum Unternehmen gestossen ist. Das Meeting ist seit einer halben Stunde im Gange und es gibt einen regen Austausch. Nur Jovan äussert sich nicht.

Felix wendet sich genervt an Jovan: *«Jetzt diskutieren wir schon eine halbe Ewigkeit und dir scheint das alles egal zu sein. Du schaust die ganze Zeit gedankenversunken in den Laptop. Warum bist du so abwesend? Du hast Nerven, so wenig Engagement zu zeigen – gerade in diesen Zeiten!»*

Jovan schaut kurz von seinem Laptop hoch, reagiert aber nicht auf Felix' Äusserung. Das Meeting nimmt seinen Lauf. In der Kaffeepause spricht Felix Jovan nochmals an.

Felix: *«Was ist denn mit dir los? Interessiert dich das alles nicht oder hältst du dich für etwas Besseres, dass du dich am Meeting einfach nicht beteiligst?»*
Jovan irritiert: *«Ich bin doch dabei. Ich habe alles gehört, was ihr gesagt habt. Ich habe die genannten Zahlen überprüft und nochmals in der Ausschreibung recherchiert.»*

Felix winkt ab und verlässt den Pausenraum. Er ist wütend und kann nicht verstehen, dass Jovan nicht mehr Engagement zeigt. Er macht sich Sorgen um seinen Job und hofft, dass bei einem Stellenabbau solche Leute wie Jovan gehen müssen. Jovan ist ziemlich verunsichert, weil er sich auch Sorgen über den Stellenabbau macht und hofft, dass man den Kunden überzeugen kann.

Analyse

Felix kann aufgrund seiner Persönlichkeit nicht nachvollziehen, wie man sich so still und passiv in einer derart zentralen Situation verhalten kann, in der Kündigungen drohen und man jeden Neukunden braucht. Für ihn bedeutet ein passives Verhalten Desinteresse und mangelndes Engagement. Er setzt Schweigen mit Passivität gleich. Weil er das Schweigen von Jovan als mangelndes Engagement einstuft, geht er davon aus, dass Jovan sich mit anderen Dingen beschäftigt und deshalb in den Computer starrt.

Natürlich besteht die Möglichkeit, dass Jovan bereits desinteressiert ist, weil für ihn schon klar ist, dass der Stellenabbau in erster Linie ihn als neuen Mitarbeiter treffen wird. Dennoch gibt es weitere und realistischere Möglichkeiten, das passive Verhalten zu deuten. Denkbar ist, dass Jovan eine introvertierte Persönlichkeit ist und sich daher in Gesprächssituationen eher auf die Beobachterrolle konzentriert. Sollte es seiner Meinung nach nichts zu ergänzen, zu kommentieren oder zu widersprechen geben, möchte er den Verlauf des Meetings auch nicht unnötig unterbrechen oder stören. Da würde er sich unwohl fühlen. Er hat während des Meetings die Faktenlage überprüft.

Eine weitere Deutungsmöglichkeit ist, dass er mit der Situation überfordert ist und auf die Schnelle die Sachlage nicht erfassen kann. Daher sieht er sich nicht in der Lage, Gesprächsinputs zu geben, zumal er relativ neu im Unternehmen ist.

In der Summe gibt es drei wesentliche Deutungsmöglichkeiten für Jovans passiv wirkendes Verhalten. Er ist passiv:

- weil er desinteressiert ist, wie Felix annimmt.
- weil er zurückhaltend bzw. tendenziell introvertiert ist.
- weil er mit der Gesprächssituation überfordert ist.

Take Home Message

Gerade aktive und tendenziell extrovertierte Menschen neigen dazu, ein zurückhaltendes Verhalten in Meetings oder allgemein in Interaktionen in sozialen Gruppen vorschnell als Desinteresse zu deuten. Im oben genannten Beispiel wird das Schweigen als Gleichgültigkeit interpretiert. Gerade bei nonverbalen Signalen gibt es einen grossen Deutungsspielraum. Daher sollte man mit voreiligen Schlüssen vorsichtig sein – vor allem im Hinblick auf die «Stillen», welche sich dann womöglich noch mehr zurückziehen. Wie kann man vorschnelle Schlüsse vermeiden? Man könnte zurückhaltende Menschen aktiv in das Gespräch einbinden, indem man Fragen stellt und so herausfinden kann, wie der Sachverhalt tatsächlich gelagert ist. Wichtig ist, dass man nicht mit Unterstellungen und Suggestivfragen (z. B. «Du hast offensichtlich nichts beizutragen, oder?») agiert, sondern vielleicht zu fragen: «Was ist deine Meinung dazu?»

4. Handlungsempfehlungen anhand eines Tests

4. Handlungsempfehlungen anhand eines Tests

Die Cases hatten das Ziel, Kommunikation im jeweiligen Kontext zu analysieren, zu erfassen sowie daraus Take Home Messages abzuleiten. Zudem lieferten sie auch Anhaltspunkte zur Art und Weise Ihrer eigenen Kommunikation. Was lässt sich aus diesen Hinweisen für Sie und Ihre zukünftige Kommunikation ableiten? Die nachfolgenden drei Fragen sollen Ihnen im Anschluss individuelle Handlungsempfehlungen für Ihre persönliche Kommunikation geben. Es geht bei dieser Einteilung nicht um ein Richtig oder Falsch oder um ein Kategorisieren verschiedener Kommunikationsweisen. Die Idee ist, Ihnen nicht nur allgemeine Kommunikationstipps zu geben, sondern Ihnen eine Selbsteinschätzung zu ermöglichen. Idealerweise sollte es Ihnen dann möglich sein, die Chancen und Risiken der Art und Weise, wie Sie kommunizieren, daraus abzuleiten.

Versuchen Sie die drei Fragen möglichst spontan zu beantworten.

Kommunizieren Sie lieber mündlich oder schriftlich?

Sie kommunizieren lieber schriftlich als mündlich. Spontane persönliche Gespräche oder spontane Telefonate sowie Small Talk mögen Sie weniger.

Sie kommunizieren lieber mündlich als schriftlich. Mündlich lässt sich Ihrer Meinung nach vieles schneller klären.

Wie verhält es sich Ihrer Meinung nach mit Emotionen in der Kommunikation? Gehören sie in die Kommunikation?

Emotionale Äusserungen bzw. das Zeigen von Emotionen – egal ob positiv oder negativ – gehören Ihrer Meinung nach nicht unbedingt in die Kommunikation.

Emotionen – je nach Gesprächssituation – gehören Ihrer Meinung nach zur Kommunikation, damit man die Situation / das Anliegen besser einordnen kann.

Wie agieren Sie auf der para- und nonverbalen Ebene vor allem in der mündlichen Kommunikation?

unauffällig

↓

Ihre Gesprächsbeiträge sind auf der para- und nonverbalen Ebene eher unauffällig gestaltet (z. B. keine laute Stimme oder starkes Gestikulieren, zurückhaltendes Auftreten). In privaten Chat-Nachrichten (z. B. WhatsApp) setzen Sie wenig Emojis ein.

auffällig

↓

Bei der Gestaltung Ihrer Kommunikation auf der para- und nonverbalen Ebene verfügen Sie über ein variantenreiches Repertoire (z. B. ausgeprägte Mimik und Gestik, prägnante Stimme und Körperhaltung). Sie nutzen Emojis in privaten Chat-Nachrichten (z. B. WhatsApp).

Empfehlungen für die eigene Kommunikation

Lesen Sie nun die Empfehlung in Bezug auf die Antworten. Sie dürfen gern auch die andere Empfehlung, die Sie nicht unmittelbar betrifft, lesen. Zum einen, weil sich die Empfehlungen nicht trennscharf voneinander abgrenzen lassen, und zum anderen, weil Sie somit auch Hinweise auf das kommunikative Verhalten Ihrer Mitmenschen erhalten und mit diesem Verständnis Ihre Kommunikationskompetenz verbessern können. Folglich helfen diese Tipps, Ihre Kommunikation gesamthaft zu optimieren.

Sie hatten mehrheitlich weisse Antworten.

Sie bevorzugen die schriftliche Kommunikation, agieren auf der para- und nonverbalen Ebene eher zurückhaltend und vermeiden, wenn möglich, emotionale Botschaften in Ihrer Kommunikation. Folgende Hinweise könnten für Sie hilfreich sein:

Die schriftliche Kommunikation bietet für den Sender die Möglichkeit, in Ruhe die Botschaft zu formulieren, und für den Empfänger, diese auch in Ruhe zu entschlüsseln. Sie sollten sich dennoch bei Ihrer Kommunikation überlegen, wann der schriftliche Kanal nicht geeignet ist. In der Mündlichkeit kann man z.B. unmittelbar die Reaktion des Gegenübers herausspüren und bei Bedarf etwas konkretisieren oder Zusätzliches erklären.

Wir haben festgehalten, dass das Wie in der Kommunikation (Kap. 2.5), also die para- und nonverbale Gestaltung, eine grosse Bedeutung hat. In der schriftlichen Kommunikation sind die beiden Ebenen aber kaum vorhanden. Botschaften könnten aus diesem Grund falsch verstanden werden. Das ist ein weiterer Grund, weshalb Sie prüfen sollten, ob der schriftliche Kanal in der jeweiligen Situation angebracht ist.

Für Ihre mündliche Kommunikation gilt: Machen Sie sich Ihre Wirkung auf diesen beiden Ebenen bewusst und trainieren Sie Stimmeinsatz und Körpersprache, wenn Sie bisher wenig Erfahrung in diesem Bereich haben.

Des Weiteren gilt es, nochmals darauf hinzuweisen, dass Emotionen – je nach Thema oder Situation – mitunter sehr wohl vorhanden sind, ob wir wollen oder nicht. Und wie wir gesehen haben, haben Emotionen Einfluss auf den Verlauf der Kommunikation. Auch wenn man in der Kommunikation selbst wenig von Emotionen gesteuert agiert, muss man dennoch bedenken, dass das Gegenüber eventuell anders «gestrickt» ist bzw. die Gesprächssituation emotionales Potenzial enthält. Wenn wir Missverständnisse vermeiden wollen, müssen wir das berücksichtigen.

Sie hatten mehrheitlich blaue Antworten.

Sie bevorzugen die mündliche Kommunikation, sind dabei ausdrucksstark auf der para- und nonverbalen Ebene und halten sich beim Vermitteln emotionaler Botschaften nicht zwangsläufig zurück. Folgende Hinweise könnten für Sie hilfreich sein:

Die mündliche Kommunikation hat den Vorteil, dass man sogleich eine Reaktion des Gegenübers erhält. Sie könnten eventuell überlegen, dem anderen auch mal Zeit zu geben, die Botschaft zu verarbeiten, um dann zu reagieren. Die Schriftlichkeit schafft «automatisch» eine gewisse Ruhe, weil zeitliche und räumliche Distanz vorhanden sind und damit teilweise eine emotionale Distanz gegeben ist. Schriftlichkeit schafft zudem Verbindlichkeit.

Ein weiterer Vorteil der Schriftlichkeit ist, dass die eigenen Gedanken sortiert werden, Emotionen abflachen oder sich relativieren können. Dies könnte einen positiven Effekt auf die Kommunikation haben. Prüfen Sie daher, wann es sinnvoller wäre, schriftlich zu kommunizieren, oder achten Sie, wenn doch mündlich, auf Gesprächspausen.

Seien Sie sich der Wirkung Ihrer Körpersprache bewusst. Wie wirken Sie auf Ihr Gegenüber? Achten Sie darauf, mit Ihrer Körpersprache nicht unbeabsichtigt Dominanz zu vermitteln. Auch der Tonfall und die Lautstärke Ihrer Stimme beeinflussen den Kommunikationsverlauf.

Zudem wäre es in diesem Zusammenhang ratsam – unabhängig ob schriftlich oder mündlich –, nicht zu schnell von sich auf andere zu schliessen. Wir Menschen sind verschieden, wie die Cases gezeigt haben (z. B. Zurückhaltung bedeutet nicht zwingend Desinteresse). Ziehen Sie nicht voreilig Rückschlüsse aufgrund para- und nonverbaler Signale Ihres Gegenübers.

Grundsätzlich gilt:

- Streben Sie eine bewusste Wahl des Kanals an – ausgehend von den jeweiligen Vor- und Nachteilen (z. B.: Die schriftliche Kommunikation hat bereits zu einem Missverständnis geführt, dann prüfen Sie, ob vielleicht ein Telefonat oder ein persönliches Gespräch im vorliegenden Fall sinnvoller wäre.).

- Seien Sie sich darüber im Klaren, dass Emotionen die Kommunikation beeinflussen können. Emotionen machen es uns zudem möglich, das Gesagte authentisch und glaubwürdig zu vermitteln.
- Bedenken Sie stets die Macht der Körpersprache und der Stimme.

Schlussbemerkung

Wir haben alle das Ziel, erfolgreich zu kommunizieren. Deshalb müssen wir uns stets bewusst machen, wer der Adressat bzw. der Empfänger unserer Botschaft ist. Es ist also nicht nur wichtig, sich selbst gut einschätzen zu können, sondern auch das Gegenüber zu beachten und zu beobachten. Nutzen Sie Ihren Kommunikationsalltag, um mehr über sich und die anderen in Bezug auf die Besonderheiten der Kommunikation zu erfahren. Wir können aus jedem Gespräch und jedem Konflikt lernen und somit Kommunikation im Kontext besser verstehen.

5. Weiterführende Literatur für die Praxis – mit Kommentaren

5. Weiterführende Literatur für die Praxis – mit Kommentaren

Anhand dieser fünf Elemente haben wir in den verschiedenen Cases versucht, Ihnen die Kommunikation im Kontext näher zu bringen.

Kommunikationsbasis
Rolle/Beziehung
Emotionen
Vier Ebenen
Para- und nonverbale Ebene

Die nachfolgenden Literaturtipps sind beratend, weiterführend und vor allem für den Berufsalltag hilfreich. Es handelt sich also um Empfehlungen, die zwar auf wissenschaftlichen Ansätzen basieren, aber auf den Berufsalltag ausgerichtet und wofür keine theoretischen Fachkenntnisse nötig sind. Wie bereits am Beginn des Buches erwähnt, sind diese fünf Elemente nicht voneinander losgelöst zu betrachten, sondern greifen – teilweise mit fliessenden Übergängen – ineinander. Nachfolgende Tipps orientieren sich am Schwerpunkt der jeweiligen Publikation.

Kommunikationsbasis

Franz Hölzl & Nadja Raslan (2019). Schwierige Mitarbeitergespräche. Professionell vorbereiten, sicher führen. 4. Auflage. Freiburg: Haufe.

Die formelle Kommunikation kann im Arbeitsalltag aufgrund der strukturierten Rahmenbedingungen zu einer Herausforderung werden, vor allem wenn es sich um schwierige Personalgespräche handelt. Dieses Buch richtet sich an Führungskräfte und Personalverantwortliche in grossen und mittelständischen Unternehmen. Ziel des Buches ist es, aufzuzeigen, wie man solche Gespräche vorbereitet und führt. Zu diesem Zweck haben Hölzl und Raslan für jeden vorgestellten Gesprächstyp einen Gesprächsleitfaden erstellt. Zu den thematisierten Gesprächstypen gehören beispielsweise Beurteilungsgespräche, Kritikgespräche oder Kündigungsgespräche, aber auch Gespräche, die eher einen persönlichen Hintergrund haben, wie Gespräche zu Suchtproblemen, Mobbing oder Burnout.

Rolle/Beziehung, Vier Ebenen

Wolfgang Mentzel, Svenja Grotzfeld & Christine Haub (2017). Mitarbeitergespräche erfolgreich führen. Einzelgespräche, Meetings, Zielvereinbarungen und Mitarbeiterbeurteilungen. Freiburg: Haufe.

Mentzel, Grotzfeld und Haub stellen ähnlich wie Hölzl und Raslan schwierige Gesprächssituationen im Arbeitskontext vor und geben dafür jeweils eine Anleitung. Ergänzend dazu wird am Beginn in die Grundlagen der Kommunikation eingeführt. Neben den fünf Elementen, die in «Kommunikation im Kontext verstehen» vorgestellt wurden, thematisiert das Buch Fragetechniken, das Zuhören und das Feedbackgeben.

Marion Knaths (2020). Spiele mit Macht. Wie Frauen sich durchsetzen. 16. Auflage. München: Piper.

Dass Frauen und Männer unterschiedlich kommunizieren, ist hinlänglich bekannt. Das Buch richtet sich zwar primär an Frauen, aber auch Männer können anhand von sehr konkreten Situationsbeschreibungen lernen, wie sich ihre dominanten männlichen Kollegen mit ihrer Kommunikation einen Vorteil verschaffen. Unterhaltsame und aufschlussreiche Beispiele zeigen auf, wie Machtspiele funktionieren, und griffige Tipps helfen, um sich zukünftig im Arbeitsleben besser durchsetzen zu können.

Emotionen

Gerard Shaw (2020). Die 7 Techniken der Konfliktlösung: Meistern Sie gewaltfreie und effektive Kommunikationsfähigkeiten, um alltägliche Konflikte am Arbeitsplatz, in Beziehungen und in wichtigen Gesprächen zu lösen.

Bevor Shaw auf sieben Techniken der Konfliktlösung eingeht, erläutert er die Konfliktarten, die Phasen eines Konflikts sowie die Ursachen. Um erfolgreich Konflikte zu managen, ist es nicht nur wichtig, beispielsweise Körpersprache und effektive Strategien des Zuhörens zu erlernen, sondern auch zu reflektieren, wie die Botschaften vom Gegenüber wahrgenommen werden. Die ersten beiden vorgestellten Techniken beziehen sich auf Grundlagen der verbalen und der nonverbalen Kommunikation, während die dritte Technik ausführlich auf die Aspekte der Emotionen eingeht: Wie kann man während eines Konflikts mit Wut und negativen Emotionen umgehen? Wie reagiert man professionell auf Beleidigungen? Das Buch gibt einen umfassenden Überblick zum Konfliktmanagement. Genau hier liegt die Stärke des Buches: wenig Theorie, viele praktische Tipps und die thematische Rundschau zum Thema Konflikt.

Para- und nonverbale Ebene

Isabel Garcia (2009). Ich REDE. Coaching für Stimme und Persönlichkeit. Sessel Books (Hörbuch).

Basierend auf ihren Erfahrungen als Radio- und Fernsehmoderatorin stellt Isabel Garcia verschiedene Kommunikationsfallen vor. Welchen Einfluss hat beispielsweise die Satzmelodie, wie verhält es sich mit Pausen? Unsere Atmung, so zeigt sie ausserdem auf, hat eine massgebliche Wirkung auf unsere Präsenz und diese wiederum ist verbunden mit unserer Körpersprache. Schliesslich geht es darum, die Wahrnehmung für das para- und nonverbale Agieren zu schärfen – dies auch anhand kurzer Übungen. Zum Abschluss des Buches stellt Garcia einen Kommunikationstest vor, der es möglich machen soll, die eigenen Stärken und Schwächen in der Kommunikation noch bewusster wahrzunehmen.

Joe Navarro (2022). Menschen lesen: Ein FBI-Agent erklärt, wie man Körpersprache entschlüsselt. 26. Auflage. München: mvg.

25 Jahre lang hat der FBI-Agent Joe Navarro Spione aufgrund ihrer Körpersprache entlarvt. Mit seinem Wissen und seinen Erfahrungen, gestützt auf dem Stand der Forschung, erläutert er in diesem Buch, wie man Körpersprache lesen und verstehen kann. Um die nonverbale Kommunikation zu entschlüsseln, stellt er zehn Gebote vor, die es möglich machen sollen, diese Fähigkeit zu trainieren. Das 2. Gebot «Du sollst kontextbezogen beobachten.» ist besonders in Bezug auf dieses Buch («Kommunikation im Kontext verstehen») interessant. Sehr detailliert geht er im Anschluss an die Gebote auf die Mimik und verschiedene Gestiken sowie auf die Botschaften, die Hände und Füsse senden können, ein. Illustriert werden diese Verhaltensweisen mit interessanten und unterhaltsamen Beispielen aus seiner Praxis.

Thorsten Havener (2020). Ich sehe das, was du nicht sagst: Körpersprache verstehen – Menschen lesen: Körpersprache verstehen – Menschen lesen. München: Yes Publishing.

Das Buch von Havener mit dem bezeichnenden Untertitel «Körpersprache verstehen – Menschen lesen» geht vom Lesenden selbst aus: Denn nur wer selbst nachvollziehen und letztlich verstehen kann, wie sie oder er selbst denkt, fühlt und handelt, kann seinen Blick auf den Mitmenschen richten und diesen deuten. Aufschlussreich ist das Buch vor allem deshalb, weil es sämtliche nonverbalen Phänomene abdeckt – von der Gestik, über die Atmung bis hin zum Gang, den Füssen und der Sitzposition: Sitzt jemand auf der Stuhlkante oder mit verschränkten Beinen? All diese Beobachtungen haben zwar Einfluss auf die Interpretation, dürfen aber nie einseitig betrachtet werden. Dadurch wird das Buch zu einer facettenreichen und nie banalisierenden Lektüre, die immer spannend bleibt und zahlreiche Anekdoten und Geschichten enthält. Hilfreich sind auch die kleineren Übungen, da sie erlauben, den nachfolgenden Gedankengängen besser folgen zu können.

NOTIZEN

NOTIZEN

NOTIZEN

NOTIZEN

NOTIZEN

NOTIZEN

NOTIZEN

NOTIZEN

NOTIZEN